U0029964

宇宙間慈悲的力量，感謝這一刻
全宇宙都在幫助我。
每一件事、每一個人、每一樣東西
都是另一個我，
在幫助這一刻的我覺醒。

放過自己，正能量就來了

情緒、失衡，與身心症的療癒智慧

Learn the Wisdom That Westes No Human Life

章成 ______ 著

目次

1

看懂了，情緒就消失了

☆情緒來時我最大？

二〇二〇年有件社會新聞，有個男人在車上跟他太太吵架，一氣之下開門下車，就隨機把路邊正在停等紅燈的一位機車騎士殺了。四月十二日也有一位五十七歲的房仲，因為業績差、心情壞，就隨機拿刀戳進跟他擦身而過的一位計程車司機的後背。很多人覺得很驚悚，也無法理解，怎麼有人做得出這種事情？其實，像這樣的人通常是：從小到大，心裡面已經常常是「沒有別人」了；也就是只要他一有情緒，就會覺得「情緒來時我最大」。

這個時代的特徵之一：情緒失控的人變多了

這個世界上有：自己突然間心臟病發，也要努力撐到最後一刻，將車子安全停妥之後才斷氣的巴士司機；也有因為妻子跑掉不想活了，就在值勤的時候載著全車的乘客一起衝下斷崖的遊覽車駕駛。後者那樣的人，你不會覺得他平常是氣焰很高、目中無人的人，因為他的「目中無人」是另外一種隱性的形態——「媽寶型的目中無人」。

這種形態的人，他的內心基底，其實是一直活在「只管自己吃喝」的狀態裡面的。也就是，他都只把焦點放在關心「自己有沒有得到自己要的東西」上面，而從不去意識到，他們每一天的生活，是有很多人的供應和服務，才能夠完成的。他們對那些「別人做了些什麼」完全無視，就好像是理所當然的。例如說，回家本來就應該有飯菜、洗澡本來就應該有熱水、捷運本來就應該準時到、廁所本來就應該有衛生紙。

既然把這些事都當做是理所當然，那麼當這些事情不順他的意、或是讓他覺得不爽的時候，他就會用這個不爽的「我」去覺得這個世界不好，或是指責別人是腦殘等等。可是當他的吃吃喝喝是順意的時候，他也從來都沒有去看到人家的好、看到這個世界對他的貢獻，他就只想繼續他的吃吃喝喝。由於他缺乏感謝，容易抱怨、批評，所以也很難看到自己的問題、很難去檢討自己，因此他在社會上就愈混愈不好、愈來愈吃不開。

而當他愈來愈吃不開的時候，在他的大腦裡面，又會愈放大別人的錯、更聚焦在這個世界有多糟。於是他對別人、對社會的討厭與恨，就這樣不斷地累積下去了。所以有一天當他情緒失控的時候，他的行為模式就會變成：「誰叫你把我惹毛了……」、「我不爽！那我現在愛怎樣就怎樣！」等等。這就是「情緒來時我最大」的模式。現在社會的許多殺人案件，便是走這樣的模式來的，跟以前一定是要有深仇大恨才會去痛下殺手，已經不一樣了。

所以情緒一來，便會呈現出「我愛怎樣就怎樣」態度的人，其實就是在這個社會中「行走的未爆彈」。高靈說，這個時代的特徵之一，就是這樣的人增多了（台語所謂的「普攏共」

一族），所以現在的隨機殺人案、或是當街情緒爆走之類的事件會增多。

為什麼這個時代會有這樣的特徵呢？因為，在戰爭時代長大的人，會比較珍惜人與人之間的美好，然而在富裕時代長大的人，就很難感覺到：我的每一天其實是這麼的不簡單，是因為有很多別人的付出才能夠成立的。以前的人所以總是會記掛著要「吃果子，拜樹頭」，現在的人則是覺得「我花錢，所以我就可以得到」啊！他變成把錢看得很重，卻把人愈看愈輕了。現在有很多人覺得，只要我有錢，我就可以生活，所以他的心裡面的「別人」是很模糊的，甚至是不存在的。

就是這樣的大環境，容易孕育出許多以「心中沒有別人」的思想模式在生活的人。所以那種一有情緒，就很容易用那個充滿情緒的「我最大」去「我管你勒」的人，愈來愈多。

事情要能夠順暢，都是背後有人在付出，不是理所當然的

如果你的小孩有這樣的狀態，該怎麼辦呢？最有效的方法就是：你要開始悄悄讓他的生活變得不方便。你要找各種理由，讓他不能夠從你那裡，很容易獲得他要的東西，甚至可以故意讓他去繞遠路。雖然他一定會跟你嘔氣、會跟你大眼瞪小眼，但是從中他卻會有所成長。這份成長就是：他的心裡會開始「有別人」，開始知道別人的貢獻，知道許多事情不是理所當然的。

如果你不相信的話，只要看看自己，打從疫情擴散以來，才短短四個月（按：本文發表時間為二〇二〇年五月），是不是已經深深明白，那些看似平凡的日子，有多麼可貴了？而且你是不是也更加清楚：「錢」如果沒有了各行各業的順利運作，也是根本沒有用的？有錢要去唱歌，也要KTV有開；有錢要買藥品，也要生產線能夠拿到原料；有錢要去國外旅遊，也要景點能開門……所以在這段充滿限制的疫情期間，雖然讓人覺得很討厭、很不方便、很悶，可是捫心自問：自己有沒有變得更珍惜各行各業的存在？有沒有更清楚自己平常的「自由」與「方便」，其實並不是「自己的」，而是有很多人的守護與付出，我們才能享有的？

所以之前的文章我們說過，天災也是上天對人類「時時勤拂拭，莫使惹塵埃」的方便法門之一。當人類集體的內心堆積了許多塵埃，看不見該看見的東西的時候，祂就會透過一些方法，來幫我們「拂拭掉心裡的灰塵」。

會去殺父殺母的人，除了是受虐兒的個案以外，很多從小早就是在「茶來伸手、飯來張口」、「要不到就生氣、就亂打亂砸」的行為模式裡面了。而他們的父母親並沒有去對他們「時時勤拂拭」，所以這些小孩的行徑才愈來愈荒謬誇張。如果你不想要讓你的小孩走到這樣的地獄裡去，在教養上，就要讓孩子有很多事情沒有那麼完善、沒有那麼合他的意；要讓他去忍受，靠自己去補、去賺、去給他自己。那他雖然有這些不順，可是他在這個過程中就會看到更多，他的自我就不會一直膨脹了。

請記住一句話：人不能呼吸到空氣的時候，才會知道空氣的珍貴。

當孩子有這些不方便、不完善，而需要靠自己去補的時候，這些經驗才會讓孩子知道，每一件事情要能夠順暢，都是背後有人在付出，都不是理所當然的。當他心裡體會到這些的時候，他很自然會有感謝。那麼當他生氣的時候，他就會知道不能去遷怒、去傷及無辜；他也不容易掉入「有情緒我最大」的表達模式裡面，毫不考慮別人的立場。你會看到他雖然有情緒，但就會比較能夠就事論事了。

有些不便，反而讓人成熟

所謂的「繭居族」，在家裡面也容易有這種「有情緒我最大」的模式。如果要讓他慢慢變好，行不行呢？行！這就要運用剛剛說的原理去做。然而，你不能夠突然之間就把他的網路斷掉、把遊戲機藏起來，那他可能會情緒失控、鑄下大錯。你要拉長幫助他的時間戰線，透過幾年的時間去進行。例如說，讓他零用錢逐漸減少一點、哪邊麻煩一點、哪些事他自己必須去解決一下……長時間下來，雖然他都一直在對你抱怨、生氣，沒給你好臉色。可是很奇妙的，在這個過程中，他的自我就沒有那麼大了，他就能體會到一些事情了。

例如說，本來他每個月的零用錢是三千塊錢，那你就要開始拖延時間給，最後找個「不得已的理由」裁減。然後當他的零用錢降到了兩千塊，已經持續了好一陣子，他也無奈地習慣了以後，有一天你突然說，自己終於因為工作努力，被老闆加了一點獎金，所以給他三千塊，他就會有感謝了。而當他的感謝心出來的時候，他就能反省了，那時候你跟他說點什麼，他就會聽進去了；或者是偶爾你要說，有一件事情他如果願意幫你解決，你就多給他五百塊。那當他願意用他的雙手去做某些工作、幫你解決問題，然後賺到額外的金錢的時候，他就會有一種快樂、踏實，與「自己有價值」的感覺。那這樣的小孩子，就等於是逐漸救回來了。

有很多繭居族的父母親，總是遷就著孩子只想繭居的生活模式、任孩子予取予求不需要付出。他們自我安慰說：好吧，至少他乖乖的就好。但實際上，繭居的孩子，他的心裡是一直悶悶不樂的，因為他的內在沒有愛的流動，也感受不到自我的價值。所以任何事他都會用他的不快樂去思考、用他僅有視野與觀念——也就是那個「自我」去評判一切。那他就會日漸變得「更自我」，而這就是那顆「社會未爆彈」形成的方式。

以前軍隊裡有一句話說：「合理的是鍛鍊，不合理的是磨練。」還說男孩子當了兵之後才算「男人」。為什麼會有這些說法呢？就是因為：無論合理不合理，當一個人有一些東西被剝奪的時候，他對於某些事情的思考反而會變得更成熟。如果沒有這些缺乏與不便，他就會一直用他自己認為的「應該」在看待與評判事情，那他的「自我」就會愈來愈大了。

而當這樣的人變成了一顆社會的不定時炸彈時，明明連他自己都知道自己的「危險」，但是他並不會覺得：「那我不能這樣、我要調整。」反而是會變成：「既然我是隨時會爆炸，讓我的人生走向毀滅的人，那要死的話，到時候就大家一起死吧。」

這種人就是那種：一崩潰起來，會載著一車的人衝下斷崖的那種人。

每當有這類新聞出現時，總有很多人會覺得無法理解，為什麼當事人可以這麼狠心去拉人家陪葬？現在我們就可以了解，其實他們在平常的生活中，早就已經是以「目中無人」的方式在生活了。所以你的周遭如果有這樣子的人，你要夠認得出來才好。他們的特徵有兩個：

1、平時只顧自己，別人做好是應該的、做不好就會被他酸。

2、情緒來時他最大。

這樣的人，你要懂得用智慧去保持距離，以策安全。如果他是你離不開的家人、小孩，你就要運用智慧，以善巧方便去引導他改變。如果你覺得自己已經想不出辦法，那麼你也可以來找老師諮詢。

他真的有道行，還是我行我素？

今天我們講的是「有情緒我最大」的這種情緒模式的危險，接著我們要將這個道理，延伸到心靈圈和修行圈裡頭去。

有很多很強調「心靈」或「修行」的人，其實也讓自己走到「目中無人」這一塊去了，只是他們自己不知道。這種「目中無人」同樣並不是明顯地去跟別人對立，但卻一樣是在助長自我，這種「目中無人」叫做「我行我素」。

有很多自認為自己在修行的人，其實身上都有一種「我行我素」的能量，可是由於他們總覺得自己高人一等，就看不見別人跟他們相處的時候，實際上都是偷偷地在遷就他、讓著他。例如有的人到任何場合去，永遠都穿著他的挖背背心和僧侶鞋，覺得自己來去輕鬆、簡單自在。他的想法是：「不讓我這樣穿的地方我就不去，你若不喜歡就不要找我來，找我來的話我就是作我自己。」他還看不起那些必須要打領帶、穿皮鞋的場合，覺得那裡的人都很俗氣。

可是如果他的心真的自在，難道不能像觀世音菩薩的千變萬化那樣，去給人家歡喜、去廣結善緣嗎？所以能讓他「輕鬆自在」的形式，其實是非常固定、條件是非常嚴苛的；一遇到別人的需求要配合，他就嫌累贅了！那麼這真的是「自在瀟灑的修行人」嗎？恐怕是只顧得了自己的我行我素而已。

所以為什麼佛門有種說法，對於「小乘心態」會形容為「焦芽敗種」呢？（註1）這個形容就是說：上述那樣的「修行人」雖然看起來像是顆佛門的種子（因為他也說他在修習佛法），但這顆種子卻永遠不會發芽、不會長大、不能夠去庇蔭別人，所以這並不是一顆活著的種子，它已經死了。這樣的修行人說他深明佛陀說的「緣起」，可是很奇怪的，他的任何行住坐臥、吃的用的，明明也都是充滿了四周人（甚至包括整個世界）的貢獻，可是他的「觀察緣起」裡面卻從來沒有包括對這些「因緣條件」的覺知，因此他所謂的「覺察」，竟然不會讓他產生由衷地感謝，讓他的心量變大，成為「我為人人」的菩薩。

所以高靈說，無論你是唸佛的、學密的、吃素的、修習任何法門的，如果你只是一直想要透過修行，看可以怎麼樣去除「自己的」貪嗔癡、達到什麼境界來解脫「自我」，那你剛好就很容易掉入「自我」的陷阱，變成一個其實是在「我行我素」的修行人（註2）。雖然你自己覺得你是修行人，可是就這一次的輪迴來說，其實你一直都不是在修行，而是在膨脹你隱藏的自我。所以你對這個世界、對別人帶來的影響其實剛好是相反的，那麼在「因果」裡面，你又怎麼可能解脫得了呢？

對別人強加自己的觀念，會變成「正義魔人」

所以當你真的有覺，什麼我行我素的事情你都不會做。例如，你不會一直去參加那種明明已經形成商業模式的集體的放生活動，或是去鼓吹那種很愚善、很愚孝的事，然後還認為自己是在弘法、是在做功德。會做這些事情的人，問題出在哪裡？就是他都在「修自己」

要的功德，沒有睜開眼睛去看一件事情裡面真正的「黑」與「白」是怎樣！

應該如何去調整才會健康？例如你一直在強調，不孝順父母，會如何地下地獄；也許你覺得你的父母親對你很好，恩重如山，可是別人的父母不一定對自己的小孩好，說不定還正在性侵他們，這些孩子其實應該趕快離開那個家庭才對。你以為「天下父母心」，一直在強調父母為子女犧牲的感人故事；可是有很多父母是不小心懷了孩子，甚至是恨那個孩子的，因為那是被強暴所生。所以這個世界上有很多人都跟你的相對位置不一樣，你不能用你的方式去解釋、批判、主張什麼就一定是對或是錯。如果你堅持用你的「真理」去強制解釋別人的事情，那這也是今天所說的「目中無人」的另一種版本，這樣你也是會有因果的。

沒有真正去了解別人的狀態，而是一直用你認為「別人應該是什麼樣的狀態」去思考，那麼你所看到的「他的世界」，就只是你自己想像出來的，根本不是別人的真實狀況。可是你就一直覺得你所想的才是真的，而且還要一直把你的主張去強加在別人身上，那你就會變成「正義魔人」。

為什麼很多信仰宗教的人，到最後會變成用他的信仰去恐嚇別人呢？甚至會變成，只要是可以推廣他認為的真理，用什麼奧步達成都可以？這種「宗教魔人」其實就是這樣演變出來的。可是真正的修行是「覺」，那你這樣就沒有在「覺」，而是用一個「觀念」在你的腦子裡面跑，這反而是睡著了。

想想看，這個世界有那麼多差別、有那麼多不同際遇的人，處於跟你不同的相對位置，而且大家的環境條件也是一直在變動的。所以真正的修行是什麼呢？其實是不斷的在覺知、不斷地去了解。而當你的閱歷與視野一直在擴展，你就會掃除自己心中很多的主觀，有一份真正的謙遜出現。那麼這份謙遜，才會是真正的靈性之愛、宗教之愛的開始。

（註1）「焦芽敗種」一詞並非佛陀所說，而來自於《維摩詰經》。

（註2）這就是宇宙的「DNA反轉法則」。欲更深入了解，可以參加線上單堂課程：「你愈要，愈要不到嗎？談宇宙的DNA反轉法則」。

☆社會上到處是情緒汽油桶，你會不會不小心丟出一支番仔火？

丈夫打電話對太太說：「今天晚上我不能回來，那晚餐妳自己看著辦。」……這句話的字面意思是要告訴對方：「我晚餐不能回來跟妳吃了。」但是好像又不只是這樣，對不對？為什麼要用「自己看著辦」這樣低溫的詞句呢？

「沒有啊！我沒有什麼不好的意思，我只是說我晚餐不能回來跟妳吃了，所以妳就看妳要自己煮還是要出去吃……」如果太太聽了「自己看著辦」覺得不爽，而提出了反問，先生恐怕會這麼回答。

我們暫且相信，這位丈夫真的不是有意的，可是，他可能需要去察覺，自己在說話的時候，有沒有已經慢慢變成這個模式，也就是講出去的話都會「衝」。

講話很「衝」？你容易「禍從口出」

很多人都沒有察覺自己積壓的情緒，其實都已經化為語言文字，在生活中「禍從口出」

了。為什麼說是「禍從口出」呢？

第一點，你的人緣會不好。例如有的人的幽默，經常都是在揶揄別人，雖然自認為只是說笑好玩，但其實是一種攻擊情緒的變形，被揶揄的人是會不舒服的，只是不想破壞氣氛，就讓它過去，可是等到將來你出糗的時候，他們就很可能會在背後對你落井下石了。

第二點，你會把「小事變大」。現在很多人平常心情已經不是太好，甚至有的人焦躁的情緒就像一桶易燃物，早已累積多時了，結果你一句帶有負面態度的話語或動作（也許你覺得沒有什麼），就彷彿「一支火柴丟進汽油桶」，讓他炸鍋失控。曾有藝人與計程車司機的暴打事件，或是在台中東海夜市狹路相逢，互相追打衝撞的兩車，正是最明顯的例子；雖然大家很熱衷討論誰對誰錯，但心裡也知道，鬧成這樣，又開記者會又互告，最後還是兩敗俱傷的。

其實很多人在事情鬧大、變得損失更多的時候，也會覺得很划不來。所以事情不是只有「是」與「非」，倘使能夠減少這些爭端的發生，活在平安的人生軌道裡，不是更好嗎？那麼第一步要去覺察底下這個重點了：

我有沒有發現自己平常已經累積了很多情緒呢？自己的談吐或行為，是不是已經形成了一個容易引發衝突的模式呢？

如果你不確定的話，那麼請再看看下面這段話所描述的狀況，與你相似的程度有多高？

「我經常有種『豈有此理』、『應該教訓他一下』、『很看不慣』、『社會（地球）就是被你們這些人搞壞的』生氣情緒。」

如果上述這些意念在你的生活愈常出現的話，你就是愈容易「禍從口出」的人喔！因為你看不爽的事情，會在你的心裡製造一個「情緒敏感點」，這個「情緒敏感點」就像一個雷達，無論你去到哪裡，它就會自動偵測你所在的周遭環境，有沒有討厭的人事物或言論存在，這就是所謂的「孕婦效應」。所以逐漸地，你就會覺得四周看不慣的事情愈來愈多，而你內心的OS，批評與咒罵的比例也會愈來愈高；這時候還會有一個附帶跡象，有的人會情不自禁追著電視的政論性節目一直看，或總是很愛看網路上撻伐新聞人物的酸辣留言，欲罷不能。

當「情緒敏感點」成為主導你的注意力所在的東西，你會沉溺在你給自己轉動出來的「負面萬花筒」中，而遮蔽了在你生活中，本來也存在的、正對你產生貢獻的、值得你去感謝的人事物（會視而不見）。逐漸地你就會覺得世界太糟，人類太壞，心情從悲傷轉為憤怒，情緒累積愈來愈多；同時，你的觀點也會變得很固定，對於一件事情，很快會好惡分明，看不到更多角度；只要遇到自己看不慣的事情，情緒就很容易起來，因此漸漸地，所說出去的話，就會偏向於嘲諷、責備、打擊和對抗的態度。

那些在社會新聞裡面所發生的鬥毆、暴力甚至殺害等等的事件，事實上，很多涉及在裡面的人，他們平常都已經生活在這樣負面循環裡面，只是終於「夜路走多碰到鬼」而已；他們的「身、口、意」，就像一個人開車的時候常常做出很多危險動作，當然總有一天會發生事故。

所以別忙著看別人好戲，從自己修起，才是真正有智慧的人。說實話，社會演變至今，已經到處都是隱藏的壓力鍋、汽油桶了，如果你有從自己修起，遇到狀況時，也許因為你多給了一個微笑，或少講了一句辛辣的話，一場大災難就避掉了。

這並不是誇張的說法喔，看看近年來社會各角落發生的衝突事件，常常都是起因於一句話說得很傷人，或一個動作顯得很沒禮貌等等。所以當你願意從自己的日常言行修起，雖然看起來都是小事，但實際上幫助是非常大的，因為你是在無形中趨吉避凶了。

說到「禍從口出」，其實最直接的危害，是夫妻關係（或親密關係）。

夫妻之間其實是人際關係裡最多語言暴力的，人在外面對朋友、同事或陌生人講話，都會比較客氣，可是對另一半講話，就會很隨意地拋出情緒和負面態度；當然，如果兩人大部分的時間都有愛的流動，那麼偶爾的爭執或口角，反而是彼此增進了解的機會；可是如果你們已經形成一種情緒性的說話模式，卻覺得沒有什麼，不需要改變，那麼這就像拿一把鋸子，天天去鋸一棵大樹的根部，總有一天你這棵婚姻之樹，也會只剩下枯枝敗果，最後應聲而倒的。

為什麼呢？很多夫妻都知道，兩人心裡面的距離會漸行漸遠，都不是生活中發生了什麼大事，而是很多彼此之間的對應，常常會陷入一種不開心的循環模式才造成的；而為了不想要老是為了這些瑣瑣碎碎的事情衝突，就開始用一些表面應付的辦法去避免，於是就漸漸演變成「各過各的」了。走到這一步時，就不禁會想：那人為什麼一定要結婚呢？結這個婚幹什麼呢？心裡對人生也會有一種無奈和不甘。

更嚴重的，是那種吵起架來會拿菜刀互砍、會上社會新聞版面的夫妻。若你去了解他們日常的互動，會發現他們情緒一來，更是想說什麼就說什麼，例如「你去死啦！」早就經常掛在嘴邊；勃然大怒時，各種狠戳對方痛點的難聽咒罵，更是萬箭齊發。每一次吵架，雙方就不停往火上加油，到後來真的其中一句話就會應驗（這也是吸引力法則）。例如「你去死」的話說多了，有一天剛好兩人爭執得比較激烈，真的一個情緒上來，有人就會去死了。

請記得，夫妻之間因為彼此太熟，漸漸地在不高興的時候，什麼話都說得出來，這種演變是最危險的狀況。其實夫妻還是得保持一定程度的「相敬如賓」，有些傷人的話，再怎麼樣就是不能講的。

三件事，讓你改掉言談夾帶負面情緒的習慣

所以，如果你發現自己平常的言談，確實常常夾帶負面情緒，自己又好像很難煞得住

車，那麼底下有三件事，會有助於你改掉這個習慣。

1、記得是你自己選擇了現在這個人生軌道。

也許你每天被很多的麻煩事弄得很生氣，可是要想到，這裡面也是因為有你要的，你才來的。

例如你是一個計程車司機，你載到喝得醉醺醺又酒品不好的小姐對你發飆，你覺得很想揍人，但這時候你就要想到，為什麼你要選擇深夜來開計程車呢？為什麼要到酒吧附近去招攬生意呢？是因為錢也比較多，不是嗎？那麼深夜開計程車，本來就會有很高的機率碰到喝了酒的乘客，這就是這個軌道的生態，所以你心裡就要有預備，要願意學習怎樣能夠平順地處理掉這些狀況，不然，其實你是不適合在深夜開計程車的。

記得是自己選擇了現在的人生軌道，才會碰到軌道裡出現的這些事情的。倘若單點地去看待眼前的狀況，會很容易陷入當下的「對」與「錯」，卻忘記，任何生活的軌道都有你需要去學習的事，你才能待得下來的。

2、記得有很多人其實也都曾經包容過我們的不成熟，或多付出給我們一些些，我們才能走到今天。

這也是高靈常說的「感謝」。我們也有亂發脾氣、做錯事情的時候，那時也是有人必須去承擔那樣的我們所造成的困擾。常常看到這點，心裡就會有感謝，那麼遇到別人態度不好、口氣差一點，你就會願意多給一些些耐心去等待、多用一些些智慧去引導。例如在夫妻之間，看到對方有不好的口氣時，就要想：那麼對方平常是不是也有容忍我呢？如果有，也不能逃避，應該要有感謝的。這樣去回想，那你就願意在這時候，有更多耐心去包容和回應了。

其實，在親密關係中，若你是那個願意包容對方多一點的人，你絕對不會吃虧，因為你們的相處如此密切，就像兩個相依運轉的齒輪，你的轉動改變了，對方一定也會跟著改變的。所以「從自己做起」絕對是得到幸福最快速、最短的路徑。

3、生活中累積的情緒，要找到癥結點去一個一個鬆綁。

前兩點是治標，第三點則是治本。「情緒」或「壓力」都不是問題的本身，只是問題的癥狀，現實生活中一定有每每碰到就無可奈何的事，才會打上心結，而有情緒。所以我們要在自己無可奈何的事情上，去搜尋新的角度和視野，一旦看到解決問題的曙光，你就會脫離負面情緒了。

就這一點來說，自己摸索當然也可以，但是跟好的老師討論，速度一定會加快很多。

古人說「與君一席話，勝讀十年書」，就是在形容這種經驗；這種「一席話超越十年摸索」的方法，是做生意的大老闆最喜歡用的，他們願意花大錢去聘請頂尖的顧問，就是因為他們知道，一個「不同角度」，可以對事情有多麼大的幫助。

以上三件事，是讓人具體的從自己的生活中，去修自己的身、口、意。很多人知道自己的身、口、意有問題，需要調整，所以才去接觸宗教、接觸修行團體，可是修行不是重複在那裡念經、拜佛、參加法會就可以的。你要就你的情緒去「看」，錯的你要認錯、對的你要去感謝，就是要從這些看似簡單的基礎去做，你才會真的開始對所謂的「智慧」有所體會；這些不做，一直看佛經、念佛經的話，你會愈看愈歪，愈念愈糟。為什麼？因為你反而變成一個包裝得很假，卻愈來愈貢高（驕傲）的人，你的問題變得沒有人敢跟你講了。

為什麼很多人對那些自稱「學佛」的人會覺得反感呢？就是感覺到，這些人一直在那邊滿口佛話，高來高去，可是真正跟他們共事時，卻發現他們的行徑如此自私，讓人覺得所謂的「修佛」變成了一副假面具了。

改變世界真正的方法，是修自己的身、口、意

「吃素不吃素」那篇文章曾經引起很多爭議，可是在爭議裡面，更重要的，你可以看見，

一個吃素的人，他是不是透過吃素，在內心裡面真正涵養出了慈悲與智慧；還是說，吃素變成了他的「正義」與「真理」，讓自己和別人的關係，又變成一場充滿情緒和自我的戰爭呢？本來你是希望自己更有愛才去吃素的，但弄到後來，為什麼又因為你說的愛而去憎恨呢？所以改變這個世界真正的方法，是照顧自己的心念，修自己的身、口、意，而不是去要求別人。

例如你看完了這篇文章以後，心裡面感覺到，今天對什麼人好像有不當的言詞，你就做一個改變，跑去跟那個人道歉，說：「抱歉啦！我之前講那個話，其實是有情緒的，那樣講不好，可能會讓你不舒服，以後我會調整！」對方也許會說：「沒有啦！我沒有不舒服，不要介意。」可是當你有去講這個話，你們之間所開啟的平行宇宙，其實已經改變了，你們之後的演化真的會更有福氣了。能夠一直這樣，你人生的版本就不一樣了，不但會趨吉避凶，你的人際關係也會愈來愈好、內心的能量愈來愈盈滿，這樣的你，不只是心境更愉快，對別人也會散發出芬芳，讓人發自內心願意去支持你所想做的事。

這裡也可以補充講到，所謂「平行宇宙」真的存在嗎？能不能看得到呢？其實這種「些微的調整所造就的不同未來」，如果你看得到，那就是你能夠看到平行宇宙了。

「平行宇宙」充滿在你的分分秒秒之間，下一秒你選擇什麼言行，就開啟一個什麼樣的版本。如果你常常有在覺察這個，慢慢地，甚至你可以看到一個心念的選擇，在五年後、十年後、二十年後可能造就什麼樣的人生版本喔！你會體認到，其實每個行動所帶來的蝴蝶效應，都同時開啟了一個新的「吸引力法則」，真的會造就不同的命運，這就是已經有能力看見平行宇宙的存在了。

所以能夠看得較遠的人，就會願意早一步去調整自己，就很明白反省與學習的價值；可是像那種平常已經很習慣說「你去死啦」的人，一聽說要先從自己檢討起，或聽說找老師學習要花錢，他也會說：「你去死吧！我才不要。」那這也是命運啊！

總之，我們內心的情緒，一直透過我們的身、口、意在給自己添麻煩，也同時給別人添麻煩。就算你不會捲入網路上的筆戰或社會新聞裡的暴力事件，因為沒有注意到自己的情緒，夫妻間一早就弄得不愉快，然後整天都不開心，這也是很多人一直在重複的生活寫照。所以從今天起，請給自己一點微調，開始改變那個「禍從口出」的模式，你會發現，你所體驗到的美好，比你誦經唸咒一萬遍，都還有效果喔。

☆以暴制暴，令人憂心，還是大快人心？

「肉圓沒加辣」的家暴事件，引發一群人上門找到施暴父親予以攻擊懲罰，第一時間你是不是感覺到大快人心呢？但是當這樣的「以暴制暴」是由民眾自己來行動，你是不是也有那麼一刻，覺得不安不妥？這樣的矛盾，是否可以有解開的方向？

這件事情其實有一個角度，是可以幫助我們來看清楚的：

當你是因為情緒，而去懲罰一個人，沒錯，他的下場不好，可是你的人生將來也會是一樣的。

也就是說，因為情緒上來，而去「以暴制暴」的人，以後的下場也不會好。如果在「因果」上真的是有此現世報，你還會去做嗎？還會去支持嗎？

接著我們就來闡明上述的觀點了。

被情緒綁架，人生會愈過愈差

首先我們要先了解，為什麼家暴通常都會愈打愈凶？施暴的人第一次也是不太敢打、不太敢砸的，但是這個惡性循環開啟了之後，漸漸地他就會愈打愈習慣、愈打愈頻繁，甚至連買一個肉圓沒有加到辣，他情緒就失控了。也就是說，隨著家暴的次數增多，施暴的人的「失控點」也會變得更低。

那麼同樣的道理，當一個人「實在看不下去」然後真的跑去「以暴制暴」，這個「情緒的滑坡原理」也是一樣的。你第一次去打人還會點到為止，可是接下來，當你所認知的不公不義又挑起了你的情緒，第二次再去執行「你的正義」就會容易得多，因為那個心裡門檻已經跨過去了。所以漸漸地，一有情緒你就會很容易立刻在鍵盤上人肉搜索、立刻糾眾前去「懲罰」（甚至你和這些人已經開了群組，更容易聚眾壯膽與彼此火上加油）。那麼上一次那個人可能只是甩他巴掌，可是這一次這個人更壞，甩巴掌怎麼足夠？就要潑他汽油嚇嚇他；那再下一次呢？很可能你們就真的失控點火了。甚至有一天，你們一擁而入把人爆打一頓，結果根本開錯門打錯人，造成人家終生的殘障。到時候，公權力不會介入嗎？那你的人生也出大事了。

其次，今天你覺得這件事是人神共憤，你是在懲奸除惡，所以你去打那個人，問題是之後他會不會反彈？他的家屬會不會反彈？他們就沒有「背景（靠山）」嗎？也許社會上也有一些人認為，你沒有去看到這些施暴者的成長背景，就片面的去教訓他們，這也是一種可惡的霸凌，而他們剛好就是黑道，也看你很不爽啊，那麼接下來是不是該他們對你出手了呢？那麼你又會如何？

再來，既然你都能夠跑去懲罰你根本不認識、也沒有傷害你的「壞人」了，更何況是直接在你生活中讓你「生氣」的人，你怎麼可能會不去有所「制裁」？就像潘朵拉的盒子已經打開，你一有看不慣、一有情緒的時候，已經習慣去「氣起來」開啟這個「以暴制暴」的模式，所以你怎麼可能只會對新聞裡面不認識的人去「給予懲罰」呢？你也會對你公司的同事、甚至是對上司、對伴侶，都會開始這麼去「生氣」與「懲罰」。於是你已經不知不覺成為了周圍人心目中的「正義魔人」了；這個正義魔人很容易一有情緒就認為別人是壞人，而且立刻要去打擊壞人。

而在此同時，因為情緒已經很容易綁架你了，你就會愈來愈失去用不同角度去了解事情、了解別人的能力，而只有你自己很片面的「是非對錯」。於是你的人生，漸漸就會引發各種或明或暗的反彈，以及別人對你的保持距離；例如可能升遷就輪不到你了，可能裁員名單裡就有你了，可能另一半就說要跟你分手了……你的人生就會愈過愈差。

然而愈過愈差，你會更加譴責這個世界、譴責別人，會把自己的所有損失的責任都歸咎於他者——家庭、伴侶、社會或政府——的不公不義。最後你就會進入一個想要玉石俱焚的地獄心境裡面，開始不由自主去做出完全損己也不利人的行動。請問，這樣子一直被自己的情緒綁架，而沒有去學習更多角度和保留空間的人，人生會好嗎？

很顯然地，我們可以看到，在以情緒去「懲罰別人」的這條路上，沒有任何一個落點是對你自己有好處的。

其實這個「現世報」一定會有的原理就是：只要你是被情緒綁架而去做事情，無論你覺得自己有多麼的「對」，你都會變成跟那個你所討厭的對象，是一樣的人。就像家暴者的失控點會愈來愈低，你也會的；到後來，你就是那個只要自己認為對，就會去施暴的人（就像那個「肉圓沒加辣」的父親堅信兒子說謊，所以嚴懲小孩）。然後，也就一定會有反作用力發生，最後一定會有人成為你會去踢到的那塊大鐵板，就像這次「肉圓沒加辣」的這個打小孩的男人，終於被人打一樣。

所以高靈說，什麼是地獄呢？地獄就是大家都在裡面「你踩我、我踩你」，可是每個去踩別人的人，都認為自己是對的、是有資格去踩的。

「修自己」，不是去「修別人」

所以要怎麼去看待這些社會事件的發生？要怎麼去看待這些觸目驚心的影象？每當有這種類似「家庭悲劇」的新聞出現時，就會有一些爭辯出現。有的人認為應該「給他死」，有的人說那個加害人也曾經是受虐兒、也曾經有過什麼悲慘的過去等等，然後大家就會因為這些吵來吵去。其實這些因因果果誰又能完全知道呢？又有誰能夠斬釘截鐵地說誰對誰錯？

如果要說對與錯的話，那麼家庭裡面的恩恩怨怨、一代影響一代，又說得完嗎？所以重點都不是去討論這些事情是誰對誰錯。

這些新聞事件是要讓你回過頭來看自己：你會怎麼去處理你自己人生所謂的「對與錯」呢？當你不如意、當你陷入困境、當你想打人，或是當你被打的時候……你的處理模式，它真正所開啟的未來是什麼？是更自由、更喜悅、更有能力的？還是更無奈、更憤怒，然後最後會去玉石俱焚的？

現在對於社會的發展，許多人累積著不滿，也充滿無力感和怨言。如果你是這樣的狀況，相信你也知道，這種心境對你自己而言是一種內耗、是一種抑鬱，再下去是不會有好事的。那麼你該怎麼辦呢？請試著思考一下底下的這幾段話：

這個世界本來就不完美，從古到今都如此。如果你對現在的社會那麼不滿，起碼你也該想起，以前的社會是會殺人頭的，王宮貴族看底下的庶民百姓不爽，就可以直接把他殺了。所以我們現在所出生的社會，已經是很多過去的人，在那樣殺人頭的環境下慢慢努力去影響人心、啟發大眾，然後才能夠走到今天民主的社會模式的。所以你不能否認，過去曾經有多少人的奉獻和付出，甚至犧牲生命，才有今天這個：你一出生，就已經能夠享有他們所奢望的自由與安全的生活。

因此如果你說司法不公、警察吃案、政府無能……那麼你可以做什麼？難道不能像前人那樣，一點一滴從自身做起，進而去改變這個社會嗎？你如果覺得自己太渺小，所以只能訴諸暴力，這是說不過去的。

套句話說：「你那麼會罵，那你為什麼不出來選？」因為有了更大的影響力，你能做的事就比現在多了啊！那你現在出來選，選得上嗎？當然選不上。為什麼選不上？因為如果你要出來選舉的話，你就要有更多的準備、要懂得更多的黑與白、接納更多的黑與白，然後你才知道怎樣去卡到你要的位置，你才能真的出來去為大家做點事情。可是你願意付出這些努力去一步一步累積嗎？高靈說，有這種精神和行動，才叫做「大愛」！在鍵盤上很會酸、很會罵，難道就表示你是很願意真實去付出的人嗎？這個「大愛」就是你真的願意為了讓這個社會往好的方向發展、讓很多悲劇終止，而去努力的學習，放下自己的好逸惡勞，持續地去累積你實現「真正去為大家做事情」的資本。

如果你願意去成為這樣的人，你會發現，一路上也會有好多人跑出來幫你。你會看到這個社會裡面，即使是在你所謂的「黑暗的權力結構」裡，心懷慈悲、抱有理念的人，其實比你想像得多很多，有些甚至還是原本你還沒有踏上這個努力的旅程之前，以你當時的觀念，你所認定的「壞人」呢！

所以來到這個地球，無論你看到什麼，都是讓我們「修自己」，不是去「修別人」；

如果真的想改變這個世界，你就要像前人那樣去付出、去累積資本、去學習智慧。而不是用自己的主觀去丈量對錯，成為一個被情緒綁架的莽夫，在那裡到處淌渾水；這樣下去，除了你終將變成人家所謂的「酸民」或「正義魔人」之外，人生最後也不會有好的結局。

終究，社會上所發生的很多現象，其實都是要花很長的時間去看、去研究，才能夠知道真正好的「因果」要怎麼去栽種、去影響，不是隨便看一兩篇報導，你就可以覺得自己知道「怎麼去管」的。所以別人發生了什麼事情，我們都要有空間去尊重，不要習慣性地就立刻進入「誰是對的、誰是錯的」、「誰很無辜、誰很可惡」的論斷。你可以學著去找到這裡面可以對大家都好的智慧，然後才去跟別人分享你的看法。

但是，說到底，我們可以做得最好的事，是「管好自己」，把追究那些社會新聞、演藝名人的是非的精神，用來反省自己的做人做事，變得更知道怎麼樣負責任地去工作，與更有智慧的生活，那麼你透過別人的故事所提升出來的那個更好的你，就是你可以對這個社會最好的貢獻了。

以上說的這些話，就是佛法中說的「放下屠刀，立地成佛」。

「屠刀」就是你的憤怒。「成佛」就是：真正去為社會做長遠的付出。

☆看完宮鬥劇，你是更看開，還是更看不開？

這幾年宮鬥劇盛行，《延禧攻略》、《如懿傳》甚至重播數次。熱潮現在相隔一段時日，已經冷卻下來，這時候我們來回想當時在追劇的自己，然後回答一下這個問題吧：

當時，追這兩部劇是讓你整個人「看得更開」，還是「更看不開」呢？相信現在回過頭去看，會有一種距離帶來的清楚。

看戲劇，觀察到自己的情緒

看宮鬥劇，當然也可以從中學到很多事情，但是宮鬥劇的基底其實就是「羅曼史」，所以你也可以看看，自己是不是其實也比較喜歡看那種「首席王妃」或「皇上請勿選上我」的劇情？是的話，那你就要小心，因為這些「羅曼史」都是在告訴你「比較」與「嫉妒」，你要看看是不是看了這些以後，自己的心思意念，變得很容易跑到「羨慕」和「比較」裡面去了。

「比較心」是人類集體意識的「大頭腦」，這個「大頭腦」就像一台大飛機，意圖主宰著每個人潛意識的行為動機，讓你表面上覺得自己有自由，實際上卻落在這個大頭腦的掌控裡面。也就是說，透過誘發你的「比較」、「羨慕」和「嫉妒」之後，這台大飛機就可以輕而易舉地讓你交出任何東西來給它，錢也好、勞力也好，甚至交出你的自由、尊嚴……而且你還會甘心樂意。

而這個「大頭腦」將「比較心」滲透進你的生活，強有力的管道之一，就是透過大家愛看的戲劇和娛樂。很多戲劇透過各種精采的元素吸引你去看，你也覺得在裡面獲得很多快感，還可以打發時間。可是同時間，它們卻已經在無形之中，把「比較心」置入進你的行為模式裡面，讓你活在小情小愛、小鼻子小眼睛裡面去看事情與做事情了。如果你沒有意識到這些而被催眠，這些戲劇就會是你心靈的污染源；例如你的小孩在還不夠成熟時去接觸到這些戲劇，是會讓他在不知不覺中，習得像八點檔連續劇那樣情緒化的反應模式的。而從另一個角度來說，這便是以前人家所謂的「殘害幼小心靈」。

然而也不是說看這些宮鬥劇一定是不好的，如果你有「覺」，是可以從中學習到一些智慧的。例如觀摩精采的戲劇是如何說一個故事、或從裡面了解到更多人性反應的細節……等。不過大多數的連續劇本來就是為了挑動觀眾的情緒、產生收視的黏著度而設計的，所以在欣賞戲劇的同時，你是否也能觀察到自己的情緒，是如何擺盪在滿足與不滿足之間呢？例如什麼情節上演時，會讓你掉入某種羨慕或不甘心的情緒裡面？這樣你才能跳脫出那些隱藏在其中，想要催眠你的「觀念設定」。

其實如果要休閒娛樂，讓自己接觸什麼東西更好？就是那些「能夠一直把你從你固定的觀念裡面抓出來，讓你獲得啟發、而可以擁有更多創造力」的東西。例如接觸跟藝術有關的東西就是很好的。為什麼？因為「藝術性」會讓你有創造力，而不會讓你被情緒抓進觀念的深井裡。

例如畢卡索的畫為什麼那麼具有時代意義呢？因為學習畫的人在欣賞畢卡索的時候，會學習到一些創新的思惟、一些全新的角度，這會開啟他的思考，而非去聚焦在某個思考。書畫、建築、室內設計、各種藝術展演或節目……都有很多值得欣賞的「藝術性」在裡面，它們可以啟發你更多「欣賞世界的角度」與「平衡素材的技巧」，啟發你更多思考事情的觀點，讓你的心裡有更多的「空間」與「可能」。也就是說，讓你在享受它們的時候，同時也變得「更開闊」與「更具有創造力」。

避免局限在單一的價值觀裡

所以，同樣的，好的電視節目，是會帶給你更多元的角度，然後透過細膩的演譯，讓你產生更多的學習的；而不好的節目就是一直局限在單一的價值觀，然後一直在其中挑起你的得失心，或是讓你沉溺在一個滿足你想像的設定裡面「點燈」（讓自己活在同溫層裡面取暖），而迴避去接觸現實面的多樣性。

其實，什麼人看什麼戲。有一些戲劇一直在「得失」裡面製造觀眾的情緒起伏，那麼一直喜歡看這類戲劇的人，你去觀察他們，就會發現他們的生活通常是比較例行公事、平淡無聊的。為什麼呢？因為他們自己的生涯，也常常用一套「這樣才可以讓別人看得起、跟別人交代」的固定價值觀去束縛自己，所以他們總是選擇那些不是自己真心喜歡，而是被周遭人評定為比較安全、不會出錯的路線發展。因此他們對自己的生活真正的感覺，是既無趣又無聊，感受不到發自內心的喜悅。而生活愈是無趣又無聊，就愈容易被那個「大頭腦」所置入的比較心滲透，而成為可以用「得失」去操控、會黏著在得失裡面尋找快慰的人。所以如果需要收視率，或是想要他們對什麼商品買單，只要刺激他們的得失心，他們就會被吸引進去了。

如果你的生活也接近於例行公事了，那請你多去想想：原本你的人生想去哪裡呢？你有沒有被外界的誘惑影響，然後就不知不覺忘記了、也走偏了？當你離你的內心真正想實現的人生愈來愈遠，你有沒有發現自己其實也會愈來愈覺得無奈，然後就把那個目標變成是「啊！那個不可能」了？

如果是這樣，你就會對自己是低評價的；低評價於是又更沒有自信、更沒有安全感，所以你又更會去相信別人製造給你的「得失」和「比較」，然後就掉入了負能量的迴圈裡面。

而負能量的循環，其實就是掉入「地獄模式」的開始。

古時候為什麼說「地獄」裡的人都是在「上刀山、下油鍋」呢？因為地獄裡的人的價值觀都很單一，他們都只想擠到同一個地方去。那你想像，如果有很多人都要擠到一個地方去，當然就必須去爭啊、搶啊、要人踩人呀！而當其中有誰一不個小心被踩下去，立刻就會被無數的腳所踐踏，那種感覺就像是掉入油鍋被煎被炸一樣，所以這種「在下面被大家踩的苦」叫做「下油鍋」；至於暫時爬在上面的人，因為每走一步，他的腳也一直在被底下的人攻擊、拉扯，想要讓他跌下去，所以這種「在上面被拉被扯的苦」便叫做「上刀山」。

當你的生活很例行公事，可是心裡卻充滿渺小感與對大環境的懼怕的時候，只要突然一個大環境的無常來到，你就必然會開始朝著大家鑽的方向去鑽、朝著大家擠的方向去擠……所以，你的「地獄遊記」——上刀山下油鍋——就開始了。

耐心學習智慧，才能夠真的轉變

那天堂是怎樣的呢？天堂就是你的心很有餘裕、有很多角度可以去給自己豐盛。所以如果有什麼東西有人說他非要不可，你就會覺得：「那沒關係吧我就給你，我可以照顧你，因為我還能創造很多……」天堂就是這個感覺。所以請大家去感覺「地獄」和「天堂」這兩者的生態、氛圍，然後去思考：你想要的「人類模組」是什麼？是天堂的人類模組，還是地獄的人類模組？（又：常常大家所羨慕的「人生勝利組」，他們的真相是在「天堂」，還是在「地獄」呢？這也是你需要去分辨的。）

所以宗教裡說的天堂和地獄並不是那麼的玄，它是在告訴我們：人生真的就有這兩種模式。那你現在正在走向哪一個呢？你有沒有睡著而去受到別人的「地獄模組」的影響，然後也跟著走進去了？你是有更多的內在空間去讓自己愈活愈有創造力，還是讓自己像一隻挖坑的青蛙，只因為心裡的「羨慕」、「比較」、「計較」、「嫉妒」，你就把這個執著的點愈挖愈深，讓自己愈陷愈深了？

有這樣去思考，你就會知道，自己現在所接觸的或正在做的這些事情，是不是有需要好好做個取捨與整理？你人生的軌道是不是應該轉換了？不過，要進行這個取捨和轉換，你一定要對自己很有耐心，而不能急求速成。

像很多來找老師諮詢的人，就是想知道自己的三年、五年之後，能不能打破現在的局面而有更好的發揮與成就。可是為什麼他想打破現在的局面呢？其實就是因為他們也有看到，自己所不喜歡的那個「自己」一直沒有拿掉，弄得自己也對自己的未來不敢看好了。

可是為什麼現在會有這個「自己不喜歡的自己」呢？那不是一天造成的，正是長期以來，有很多自己給自己挖的坑、自己給自己插的刀，所一點一滴累積出的因果。所以要解除這個長期累積的因果，一定要準備好你的耐心，才能夠真的轉變。如果你急的話，你就會一直虎頭蛇尾，並且丟掉那些慢工出細活、明明真正可以幫助你的建議；然後反過來，那些騙你說可以「三天見效」、「一步登天」的東西，就會一直把你吸引過去，讓你人財兩失。所以想來上高靈的課或找高靈諮詢的人，請準備好對自己的耐心，當你聽到訊息以後，你是必須去做一種持續性的調整與努力的。

如果可以這樣的話，其實你的成效也會被神佛加速的。高靈說，學習身心靈一點都不玄，你說神存在嗎？舉頭三尺真的有神明嗎？當你願意持續的自己幫助自己的時候，你就會看到神是如何溫柔地在你後面幫你一把，那你自己就能體驗到有沒有神。可是走「地獄模式」的人，他一直在他的「比較」與「羨慕」裡面急、爭、搶、炒短線，他就會一直被別人所製造的假象蒙蔽，也會自我蒙蔽，而不知不覺地開始踏上「上刀山、下油鍋」的體驗，在那裡既受苦又感覺不到希望，他們在這種世界裡面，當然會說沒有神、只有鬼！

然而，你可知道神與佛都是非常慈悲的，你只要願意放掉你的比較心、嫉妒心，變得更開闊、更有創造性，去做對自己好也對別人好（雙贏）的事情，祂們是一定會在後面補足你所需要的智慧或能力，讓你去創造出你自己「下一個更豐盛的生命風景」的。

把心靈空間騰出來，在「覺」裡面去學習

不過世界上百分之八十的人都一定要等到掉進地獄模式，過得苦不堪言時，才會開始想

找別條路走；而且雖然很多人說「我真的不想要再這樣繼續下去了」，可是真實的狀態是，他只是不想要這一刻這麼痛苦而已，而不是真的想要覺醒、解脫。所以當你說「我真得不想要再這樣下去」的時候，請記得，你應該是要告訴自己：「我真的想要去學習一種更好的循環（因果）模式。」

也就是說，如果你不想繼續這種「無論做什麼都處處碰到阻礙、碰到絆腳石」的日子，你不能只是不想要受苦，而是必須「把心靈空間騰出來，去學習一個更好的模式」。這個模式是看到絆腳石時，你能夠找到讓自己可以通過、可以自由的智慧，然後讓這些絆腳石反而變成讓你向上走的墊腳石。你願意去學習這樣的生命模式的話，神佛就會在後面推動你，那麼你來找老師學習，也才是適合的、才是對的。

老師的人生也非一帆風順，也曾有過很大的痛苦與悲傷，甚至曾經覺得，有些事大概除了再投胎一次，否則改變不了的。可是當智慧與眼界更加寬廣了之後，現在的我知道事情並非如此，原來其實是有辦法、有路走、有奇蹟的。只因為當時的自己智慧還不夠，被很多自己的情緒和觀念框架住，才會覺得看不到出口。所以現在回頭去看，真的會悟到「人生是虛幻的」，為什麼是虛幻的呢？因為都是在自己嚇自己、自己限制自己而已。

現在我們既然又來投胎了，就代表還有自己的盲點，有自己會覺得受苦、卻還解不開的地方要學習和突破。那既然人生已經有這些挑戰，去學習突破自己的觀念都來不及了，又怎能讓那個「大頭腦」來洗我們的腦、來把我們觀念的井挖得更深呢？這也就是為什麼我們要「學佛」的真義。因為你若不是「在覺裡面去學習」，你的情緒就會讓你的視野變得愈來愈狹窄，你就更沒有辦法從痛苦裡面解套，也讓人家更容易來操控我們了。

如果你能夠懂得這個道理，開始醒過來去選擇你該看的東西看、該學習的東西學習的時候，那你也不用害怕所謂「社會M型化」的趨勢了，因為你會在有了比現在更高的智慧以後，看見在這個M型化裡面，其實根本充滿著屬於你的機會！

☆不要被自己「情緒勒索」
——看不慣別人，掏空的是自己

每個人都會有一些事情「看不慣」，但如果你有很多事情都一直看不慣，到後來會演變成一個意想不到的結果：你會變成對自己的人生「看不慣」。

會「看不慣」，是被自己的情緒所勒索

一件不是發生在你身上，其實跟你沒有直接關係的事情，因為你的觀念，以及你把自己投射了進去，因此產生了負面的情緒，這就是所謂的「看不慣」。然而在這個有情緒的當下，你不妨留意觀察：它其實是一種「你正在自我打架」的現場。因為你會想去干預，可是又只能夠默不吭聲，所以你產生了兩股對撞的能量，也就變成所謂的「生悶氣」。

也就是說，在「看不慣」的當下，你把別人的事情，變成了你自身的困境，並且再也沒有其他的角度能被看見，使你脫離這個內在衝突；因為那個情緒已經將你的「認知」變成更深刻的「印記」，綁定了你思考的範圍了。而雖然表面上是你在批判外在的人事物，

可是同一瞬間，你的心靈同時也目睹了你的無能為力。所以這些印記一旦多了，它們就會反向地對你自己形成一個結論：你沒有能力。

這也是高靈講的「DNA 反轉法則」，微妙的例子之一。

所以你看不慣的事情愈多，你就等於不斷地在生活中向自己陳述一個「事實」：我沒有能力、我沒有智慧、我只能不爽。

所以佛教常說「我們人要修」，這個「修」不是說你到山上去，每天只吃一餐，或到寺廟去念佛一百萬遍，做這些才叫做修行，那些是形式和外表。所謂人要「修行」的那個「修」字，真正的意義就是：我們要修掉我們對很多事情的「看不慣」，這樣你的人生到最後才會有「圓滿」。而這個「圓滿」是因為你有智慧了，你可以不再「被自己的情緒所勒索」。

現在很多人可以察覺到別人對自己的「情緒勒索」，但是卻不知道自己的情緒其實也是一直在勒索自己的。例如有一件事情你很看不慣，頭腦就產生一個分裂：有一個你想要去干預，另一個你卻覺得自己能力不夠。覺得能力不夠的那個自己，雖然阻止了想要干預的自己，可是這個想要去干預的自己，卻會對那個無能為力的自己進行批判——而這個對自己的批判，就是你被自己的情緒勒索了。

你如果不曾察覺在看不慣別人的當下，其實你有在批判（情緒勒索）你自己，只要從「看不慣」之後的那個「心悶的感覺」裡面去深入你的內在，就能發現它了。然後久而久之，這些「悶」也會慢慢促成身心失調的狀況；例如你會開始失眠、煩躁、憂鬱、腸胃功能失調、不明原因背痛……等。雖然這個邏輯不能逆推，但是有很多人的身心症，其實是因為對很多事情看不慣，日久年深累積出來的。

本來你對一個外在的事情看不慣，不應該是那個「外在的事情」有問題嗎？為什麼最後卻變成了是你自己的身心出問題呢？這就是因為，每當你在「看不慣」的時候，你的情緒事實上首先是在勒索你，而不是在勒索外在的人事物的。

當然有的人也會因為他的「看不慣」，就出手去介入那件事情了；可是如果你是沒有智慧地介入，別人也一定會反擊，然後你就會跟對方陷入更大的爭執、鬥氣；而當你一邊與對方爭執，一邊又看到自己的時間、金錢、能量……不斷地為了這種「鳥人鳥事」在損失時，你就會更加地有情緒、不甘心。然而你的不甘心，只是繼續讓你的注意力及資源被綁架在這個漩渦裡面，使你的人生無法向前走。所以結果一樣，你還是會發現你被你的情緒，勒索得損失慘重。

你是「很會對自己情緒勒索」的人嗎？

怎麼知道你是不是「很會對自己情緒勒索」的人呢？只要回想自己對於公眾人物的言行，是否很容易爆氣，然後不由自主將之視為追蹤的焦點，就可以一窺究竟。

例如明星私人的感情世界，每隔一陣子總會有什麼劈腿、背叛等等的爆料新聞出現，其實大部分人看完以後會覺得，那是人家的事情，當做茶餘飯後的話題酸一下就好了，他會繼續專注在自己的生活上面。可是也有一小部分的人，會有很強烈的「看不慣」的情緒，變成花很多時間在網路上口誅筆伐，以及與相反立場的人互罵互酸。如果是後者，你其實已經在被情緒一點一點掏空你真實的人生了，只要一個外在的小無常來，你存在的根基很可能薄弱地隨時會被沖走。

能夠幫助我們不被這個「看不慣」的情緒捲走，是一直記得這件事：其實無論你怎麼看不慣，那都是「人家的事」。

有人說：「雖然是『人家的事』，但是我就是看不慣不道德的行為，不行嗎？」

那麼你要想想：路邊跟你擦肩而過，劈腿的、喜歡「多人運動」的、沒公德心的人，也很多。譬如你去一家咖啡廳吃飯，你的朋友指著別桌一個很普通的人偷偷告訴你：「那個人劈腿。」就算你知道了，如果他不是有名有錢的藝人，你會有那麼大的「看不慣」嗎？還會想花那麼大力氣去「看不慣」嗎？

影視明星、政治人物之間的愛恨情仇，是因為他們在彼此的真實生活中真的有所交會、真的有雙方的功課在裡面，所以如果他們在網路上互罵、互酸、爆料，那只代表著這裡面有需要他們自己努力去做、去通過的課題。可是那些人跟你的真實生活，大部分是沒有交會的，你之所以會那麼「看不慣」，甚至一直去追蹤和批評，其實是因為新聞常常在報導這個人，以致於這個人的影象與存在逐漸就會讓你覺得「他好像是你生活裡面的人」、好像你跟他比較熟。如果他又剛好是你羨慕的對象，你覺得他得到的東西比你多的時候，他就彷彿是那種「跟你在同一個班級裡上課，卻總是集老師寵愛於一身的第一名學生」了。所以如果他做了什麼錯事，你就會「很看不慣」、特別想去開嗆了。

可是你的批判，其實很多時候也只是你自己的觀念而已。例如有些人常說「現在的人好淫亂」，可是以前的男人為什麼就可以娶二房、三房呢？只要有錢，以前的男人是可以一直納妾下去的；即便到了現代，那些大企業家很多人都娶了好幾房，人盡皆知，卻沒有看到社會大眾以同樣力度大加撻伐。為什麼大家就不去「看不慣」呢？甚至連媒體都知道這種「某某董事長有小三」的新聞即使報導報出來，也沒有什麼點擊率，甚至還有一堆男生會暗自羨慕他。誰會因為這樣就去抵制這家公司賣的電冰箱、電視機？為什麼就不會呢？可見，那就只是你自己「投射」出去的觀念不同而已。

所以你也許會發現，你的「看不慣」並不一定那麼地有道理，也可能是建立在一種虛構出來的心理交集與雙重標準上。可是無論你是對誰看不慣，終究，這個「看不慣」永遠是「你自己的」，所以受到最大影響的是自己。

例如若你常常發表「看不慣」的言論，而沒有任何的建設性，你等同於一直在言談中散發著「烏煙瘴氣」：「現在的社會都被上一代搞壞！現在的社會都是笑貧不笑娼！唉！我們這些魯蛇真該學學人家怎麼投胎……」那麼，會喜歡跟你在一起講這些的，將漸漸是「只剩一隻嘴」的人而已。如果覺得想要積極努力、相信自己可以成就更大豐盛的人，都會慢慢消失在你的生活圈的。而你自己浸泡在這樣的負能量圈裡面，能感受到自己人生的希望嗎？能有士氣去努力把工作做好嗎？其實是不能的。有很多有這種「到處都看不慣」模式的人，他們自己做起工作來，其實也是掉漆掉一地，自己卻從不要求自己。

把情感跟公眾人物綁在一起，會荒廢你的人生

「看不慣」的反面則是「沾光」。例如以前王建民熱潮的時候，人家有好成績，你沾沾喜氣有一個喜悅感，那是很OK的；可是有的人卻變成每天拚命在「追星」，把人家的榮辱變成自己的榮辱，花再多成本也要千里迢迢去給人家加油打氣。可是他們對自己的人生有沒有這麼加油打氣？他對他的家人、孩子，有沒有這麼願意去支持他們、愛他們？所以那個對王建民的「愛」是怎麼回事呢？其實就是他自己的投射而已；這種投射讓他暫時忘掉那個「渺小的自己」，可以在心理上滿足一下那種「一起偉大」的感覺。

有人說：「因為他是『台灣之光』啊！難道不應該努力支持嗎？」雖然他是台灣人，你也是台灣人，可是你和他是不是地球人？也是啊。那為什麼地球上別的人的成就，就不

是你的光榮了？為什麼只有台灣人的表現好，才會得到你的熱烈支持呢？反過來說，有人殺人犯案了，怎麼你不去覺得他也是台灣人，所以你也覺得很羞恥？

所以這些愛與不愛，說起來也就是看你的觀念怎麼設定，你就怎麼反應。當然怎麼設定完全是你的自由，你要如此深深地把你的情感，跟某一位公眾人物綁在一起，是你的選擇。可是有一件事情是不會變的：王建民的人生永遠是王建民的，不會變成你的。

所以很愛沾人家光的人，要小心荒廢你的人生；但任隨自己去「看不慣」，則更是像拿一把刀，在自己的內心不斷戳出一個一個會痛的洞，任這些洞一直在訴說你人生的可悲：「為什麼我會一直看見這些？」「為什麼我會生在這個世界？」於是你一直在對自己進行負能量的催眠而不自知。

也就是說，宇宙就是這麼奧妙：怨別人等於怨自己。你對別人的怨愈多，到頭來你就會怨你自己的命運、怨你自己的出生，你甚至會怨你自己的鼻子、身材，你會怨自己的一切！

所以常用「看不慣」這個詞的人，慢慢地就很容易得到憂鬱症、躁鬱症，甚至走到失控的地步去。你可以去觀察身邊常常把「看不慣」掛在嘴上的人，他的行為是不是愈來愈容易有「本來看起來好好，卻突然間爆發」的跡象呢？例如突然間拍桌咆哮，或是吵架時突然間拿出一支刀來插在桌上……這樣的人因為一直放任自己的「看不慣」去滋長，他內在的「魔性」便一直在長大，夜路走多，他自己就變成鬼了。

從智慧而來的「包容」，是真正的「正能量」

其實我們每個人投生來地球，正是要學習如何可以回歸到「中庸之道」。有些事情即便第一時間你看不慣，倘若你願意多騰出一些空間去思考：「他也許有他的理由？」就真的會開啟你更多的視野與角度，讓你有機會看到你原先看不到的東西。例如你可能會看到「可惡之人也有可憐之處」，或是「可憐之人也有可惡之處」等等。那你對很多事情就會有更大的包容，你會比以前更能感受到：其實那個你看不慣的人，要做到你認為的標準，是需要時間去等待的，不可能是按照你現在的期待去發生的。

能夠如此，你就是開始有智慧了。而這個從智慧而來的「包容」——高靈說，才是真正的「正能量」。

在身心靈圈裡面，很多人會說：「喔！我聽到某某大師說一句話，就讓我感覺好有能量喔……」「我去參訪一位高僧，他一進屋子裡，我就覺得好有能量喔……」可是這種「好有能量」到底能持續多久？其實一下子就消散了，甚至你才剛走出那裡就不見了。為什麼呢？因為大師再有「能量」，那也是他有能量，不是你。所以這種「正能量」，不是你該去依戀或誇誇其談的東西。

那神佛所說的「正能量」是什麼意思呢？請注意聆聽喔：

當你透過長時間，浸泡在智慧的學習當中，有一天遇到事情的時候，你突然發現說：「ㄟ！我現在可以這樣去處理這事，不用像以那樣有情緒了呢！」這個才是真正的「正能量」。

所以很多心靈圈的人常常在講說，去哪個地方感到好有愛、好有光、好有能量，或是參加那種「萬人大會」的時候，講得滿是神、滿是愛、滿是奇蹟，覺得自己滿滿正能量。可是幾年的「靈性追逐」跑下來，他自己遇到事情還是一樣在退縮、一樣在計較、一樣怕付出、一樣在依賴；看到人家擁有什麼自己沒有的，一樣在自覺渺小、一樣在羨慕批判。那那些「正能量」跑去哪裡了呢？

其實，這根本誤解了「學習身心靈課程」或「宗教修持」的目的。

很多人走進宗教修持或是學習身心靈的領域後，你跟他講很多生活小事中的智慧，他都覺得：「這根本沒什麼，我早就懂了！我不是要來學這個的。」可是如果他真懂了，為什麼做事情還是充滿盲點、心想事不成呢？其實就是他真的還沒有看到更細緻的地方，還有很多看不到的角度，他確實是不懂的，所以也還沒有能力駕馭生活，去創造豐盛。

當你真的有能力看到更細緻的角度，知道怎麼去駕馭生活的時候，有無常到來時，你就會發現，你可以不用像以前那樣再被自己的情緒綁架，而知道要怎麼樣去因應、去轉那個境；需要行動的話你會馬上行動，應該等待的話你就絕不會心急。那這樣，你就會發現，你已經把你人生的「悲」，逐漸轉變成「慈」了——你可以在無常中來去自如，在無常中等待與包容。

當你真的「有時間」去等待別人，這個「有時間」就是「慈」，也叫做真的有愛！而由於你能夠「來去自如」，在事情面就不會認為你有損失、你有受傷，所以你當然不會待在任何損失感裡面，去「看不慣」。你就不會被自己的情緒勒索，變成非要這個世界怎麼樣呈現你才甘心。

自己的人生自己創造，財富跟著智慧而來

在地球上，當你真的可以看懂別人現在在什麼階段、別人在經驗什麼樣的學習、別人現在的程度在哪裡，這個就叫做「有智慧」。那你就會感覺到：別人就是別人，而你自己就是你自己；你會讓別人去為他的人生負責，而你也會為自己要走的下一步去邁進。

所以當你學習了身心靈，真正開展出智慧的時候，你是不會到處去跟人家「沾光」跟「看不慣」的，你會從「悲」開展出「慈」，然後很多見解慢慢地回歸「中性」。於是你會發現你的智慧慢慢在帶給你更多「處在當下」的喜悅；然後當你的喜悅能量愈來愈提升上來的時候，你的物質環境就會豐盛了！若用大家比較聽得懂的話說，也就是：錢就真的跟著來了。

這個模式是一個良性的循環：你又喜悅、又有錢；然後你又更開心、又更知道怎麼拿這些錢去創造；結果你又更有錢……這個才是人生真正有益的「槓桿」，是真正利己利他的「錢滾錢」。

所以如何在生活的黑暗面裡面，去看得見出口，知道怎樣去應對、轉動？這才是你學習身心靈或宗教修行，真正的目的。在高靈的訊息《心經》及《地藏經》(註)裡面，都有詳細地在講這個主題。老實說，這個才是佛經真正要告訴你的事情。要不然你覺得那些佛、菩薩，穿得那麼光鮮亮麗出現在你面前，是想告訴你什麼呢？祂們就是想告訴你：「真的有這樣的世界存在，真的有這樣的方式可以生活，你們都可以變成這樣。」

祂們是來「示現」，不是來「讓你崇拜」的！所謂「示現」就是：「我們以前也跟你完全一樣，可是你看，我們可以達成這樣，那你也可以！」

祂們穿金戴銀的來告訴你：「你也可以像我們這樣子生活！」「人人都可以像我們這樣子生活喔！」「大家不用像活在地獄那樣，每天在那裡我砍你、你砍我；我踩你、你踩我喔……」

而佛菩薩都有很大的慈，祂們都知道你的程度，也知道你需要怎樣的學習經驗，所以祂們就會讓你慢慢去經歷這些。為什麼呢？因為「自己的人生自己創造」。

你要創造什麼樣的人生，是要你自己下決定的。因此盼望你不要再去講「看不慣」這三個字了，以後如果很想要起這個念的話，你就這麼問自己：「那是人家的人生，我為什麼要去看不慣？為什麼看不慣之後我會生氣？我是不是有什麼弱點？」

如果你真的這樣「看下去」，你到最後就會明白過來：「哦！原來我就是這樣被我自己的情緒綁架的，然後我就可以對自己的弱點不負責任了。」

如果你可以看到，原來你根本不是被人家的作為影響，而是被你自己的情緒綁架，然後你就可以對自己的人生不感覺有責任。那麼很恭喜你喔！你「開悟」了。雖然這個是小的開悟，但是對你的人生來講，就是一個很大的轉捩點。這個開悟是真的會讓你少輪迴好幾世的！你本來要在某一種劇本裡面跟人家在那裡重複的玩個八百年，可是現在已經立刻刪除掉六百年了！是可以縮短這麼多重複的。

所以你要把你的人生，投注在會帶給你真正的「正能量」的學習上面，這種學習會讓你的人生真的發光發熱、真的內外在都豐盛——你是真的可以賺大錢發大財的喔！可是到時候，這些金錢已經不是主要的「財富」了，因為你開心、你喜樂、你不畏懼無常、你可以一直創造下去……而你會知道後面這些才是真正的財富——

因為**所有的一切，都是跟著智慧而來**。

（註）《心經》、《地藏經》兩書為章成、M. FAN著，商周出版。

☆不要和記憶中的那個人，結為「情緒伴侶」

你有沒有看過一種人？每當他們明明可以享受人生的時候，卻常常聽到他們在抱怨，或談論當年有多苦。

這種狀況在老人家的身上特別明顯。例如你明明已經帶他到國外去泡溫泉，或是年節的時候送給他好吃的東西，可是當他拿著那個你給他的東西時，卻總是會吃著吃著，就掉下眼淚說，小時候過得有多麼辛苦。或是明明泡在五星級溫泉旅館的名湯裡，他的話題講得都是以前誰對他有多不好、誰又是怎麼樣虐待他的等等。像這樣的老人家，雖然他現在已經有錢、兒女也都成材了，但是他的意識卻還是一直習慣在那條「怨恨之線」（註1）上振動著。

由於他們總是在人家對他們好的時候，看似「觸景傷情地」哭訴自己過去的辛苦，所以有很多晚輩就會從「可憐」的角度去心疼他們，而沒有去注意到一件事情：其實這種老人家在另外一方面卻有一個特徵，就是總會把錢用在「做面子」上面，非常在乎跟「面子」有關的事情。例如他們會一直逼小孩子去拿博士、嫁醫生；或是當他們出去跟人家聚餐，覺得自己小孩的成就不如人的時候，回到家裡來就會對孩子有氣，就又開始唸他說，為什麼當初不聽他們的話去考醫科、為什麼不找個會賺錢的男朋友交往等等。因為他們是想要讓他們心裡面所怨恨的那些人後悔，把他們比下去（其實很多是自己的玻璃心所投射出來的）；他們很想要對記憶中的某些人說：「誰叫你們以前看不起我、不好好對我！」

不要在負面情緒裡面證明自己

其實，當一個人有錢了，只要好好地拿這些錢，讓自己活在享受中就好了。可是他們並沒有學會享受，每當去到了一個美好的地方，或正是花好月圓的場景，他總是會想起那些「必須要讓他們後悔」的人，讓自己的思緒飄進要跟對方比輸贏的想像裡，而萌生情緒。如果你的身邊有這樣的人，你要認出來這是「情緒伴侶」的一種。因為他們不自覺地，一直要讓身邊的人跟著他的負面情緒共振。

不過，大部分的人如果有錢了以後，想把錢拿去買名車、買豪宅，然後想要衣錦還鄉給人家看看，其實這樣的心態也是一樣的。如果你有這種心情，那表示你其實還是活在「悲」的情緒裡面，並沒有真正的去享受豐盛。可是如果你真的跑去以前的同學、朋友面前「衣錦還鄉」，你會發現人家心裡想的其實多半是：「哼，你還不是走了什麼狗屎運才發的，有什麼好張揚的？雖然你有錢，但是我們要去的地方不歡迎你了！」或是：「既然他發達了，也把我們比下去了，那就來跟他揩點油水吧！」這些「衣錦還鄉」的人在還沒有學習到如何駕馭金錢和人性之前，發現親友原來是這種心態以後，就會覺得很受傷；可是當他回到有錢人的圈子去，又發現很多比他更有錢的人仍然覺得他是個小咖，也瞧不起他。於是他明明有錢了、成功了，他還是不開心。

很多演藝圈的明星正是這樣的處境。當他終於成名了、出頭天了！就想證明給他心裡面的那些，過去不看好他的人看（這就是在「怨恨之線」上振動），結果那些人事實上是更討厭他了。而因為當紅，他有機會進入了更上層的交際圈，可是那些大老闆又覺得：「我們都是幾十億、幾十億在賺，你不過賺個一兩億，有什麼了不起？而且你還不是靠著年輕有美色才紅，又能紅多久？」有錢的富豪對他們這些竄出頭的明星其實是這種態度的。講得更白一點就是：「大爺有錢就可以叫你來唱歌跳舞，甚至陪吃飯，你們不過就是這樣。」所以他們就會很受傷。自己明明那麼努力，經過了多少堅持和犧牲，才熬出頭的。可是在那些政商名流的圈子裡面社交的時候，他們知道別人就是這樣在看自己的。

總之，很多人賺到了錢，他還是在情緒裡面一直想去證明自己；甚至有些人沒有錢，他也想要用各種「貼金」的方式去「走路有風」，來平衡他內心曾經烙印下的渺小感。例如為了在比較低的人面前能夠趾高氣昂，就得在高的人面前鞠躬哈腰當奴才，來換得這些威風時刻。這些都是讓自己活在情緒裡面，也就是活在他的傷痛、他的不甘心裡面的人。

所以從這裡你就會看到一個事實：人生並不是有錢沒錢，在造成你的「想不開」的。你的想不開，是因為你在人生中遇到了一些人，有了怨恨以後，你跟那些記憶中的人事物，結為「情緒伴侶」了！只要你一直在那條「怨恨之線」上振動著，無論你將來多有錢或多有名，你都不會快樂的。

把擁有當作理所當然，進入「要求」模式會讓你走下坡

那麼，會跟某些記憶中的人事物結為無形的情緒伴侶，然後一直被這些陰影牽絆的人，要怎麼擺脫這樣的狀態呢？這是需要我們很坦承地來反省一些事情的。所以接下來的這些話，可能會是「逆耳忠言」喔。

當人來到了一個舒適圈，待了一陣子以後，你知道他會開始變成怎樣嗎？他會開始「進入理所當然的模式」，然後開始要求別人。整個社會也是一樣的。為什麼很多人會說，以前戰亂的時代，人對於任何事物都很珍惜；可是當承平時代來了，日子一久，人卻愈來愈常在抱怨？

這幾乎是個不變的法則，高靈說：當人跟人混熟了以後，就會開始要求。

也就是說，對於你現在所擁有的生活，你習慣了以後，就沒有了太多感覺，甚至原有的幸福感就會遞減，所以你就會開始出現更多要求。可是一旦人變成了常常在要求，他不自

覺地就會變得愈來愈容易有情緒；因為宇宙的吸引力法則，只會為他吸引來更多「不滿足」的感覺。所以當你熟悉了所謂的「平凡的日子」，把很多事情當作理所當然了以後，你就很容易開始進入「要求」的模式裡；而這種方向就會去開啟所謂的「地獄模式」：你會愈來愈容易有情緒，然後外在的關係就漸漸地被這樣的心態給摧毀。很多夫妻關係就是這樣子走下坡的。

那這個「要求」的心態與所累積的不快樂，就會讓一個人也變得容易去追究過去，會愈想愈覺得過去曾經受的氣，現在想起來還是很生氣；過去所受的委屈，現在想起來還是很委屈；或是當初如果不是那件事，我現在的人生可能會更好……於是你就會覺得，過去在某些事情裡面所受的傷，原來到現在都還沒有好。

其實這些都只是很逼真的幻象而已。因為如果你的現在真的過得快樂、對生活由衷地感覺到感謝，那些「傷」自己就會不見了、那些「氣」也早就蒸發了，根本沒有什麼需要一直去療癒、一直去彌補的。

就像有的老人家退而不休，每天過得很充實，他還在兼課，還在作育英才。都一把年紀了，他也經過貧窮和戰亂，可是你若跟他提到過去的什麼事情，誰害過他呀、騙過他呀，他記得，但是他的心情是很輕鬆的。他會笑著說：「唉啊！都過去那麼久了，有什麼重要呢？」

反之，也有很多老人家，明明下一代都成長得很健康順利，也有正正當當的工作，經濟也不需要他擔心，他自己還有很多時間可以去好好休閒娛樂，可是他就是要整天管東管西、嫌東嫌西，永遠有無止盡的看不慣和擔心，讓下一代一定要照他的意思去做。然後逢年過節，你只要想多陪陪他、跟他多聊聊，他絕對很想要抓著你，把他那個幾十年前的陳年故事，再講一遍（而且講得時候可以聲淚俱下，宛如昨日才發生）。

所以，真正能夠讓一個人，不再和記憶中的某些人結為「情緒伴侶」的方法，其實就是在自己的「現在」，真的能夠去「看見感謝」，而不是無意識地處在「要求模式」當中。

看見你當下的豐盛，日日是好日

「看見感謝」的意思是「看見你當下的豐盛」。當你確實在現在感覺到豐盛，你會發現，什麼過去的事你都可以一笑置之、你都可以有容乃大。為什麼呢？就像一個人現在如果是個大富翁了，還會在意以前遺失過的小錢包嗎？所以高靈說，為什麼「人要活得豐盛」（註2）？這真的非常重要。因為你如果真的發自內心地有豐盛感，你的貪嗔癡都馬上煙消雲散了。

然而這並不是很容易的事，如果容易，就不會有一堆人明明很有錢，還把自己活得那麼負面了。可見「豐盛感」跟金錢數字沒有必然的關係，並不是你拚命去賺錢就能夠掙得的。那麼這個「豐盛感」怎麼來呢？就是要從「由衷的感謝」修起。

修行的最基礎，其實不是打坐觀呼吸，也不是所謂的「觀察念頭」，而是要修「感謝意識」。因為如果你的頭腦很容易跑到貪嗔癡去，任何你所從事的「修行」，都一樣會被這個貪嗔癡毒化，這就是為什麼有的人愈修行愈貢高、愈吃素他愈固執。

「感謝意識」不是一種道德上的「念頭」，好像用一些心裡的話去說服自己說「我應該要感謝」。「感謝意識」是一種會讓你覺得很溫暖、很盈滿，感覺到被充分愛到的「意識狀態」。事實上，它是開啟天堂意識的鑰匙。在《奉獻》（註3）這本書裡面，足足花了半本書的篇幅，仔仔細細的去談，如何在生活的各種事情上，去發展出這樣的感謝意識。所以它絕對不是一件你聽了覺得美好、就可以馬上做到的事情。

然而當你可以修成這個「感謝意識」的時候，它會讓你每天都能夠自然而然地看見值得感謝的事情，以及遠離病痛。所以你會覺得日子愈過愈輕鬆，好像每一天都一直在感覺到被愛，被這個世界好多好多的人事物給愛著。

而愛是會給你「能量更新」的東西。這就是為什麼當你熱戀的時候，所有人都可以看到你變得容光煥發。「感謝意識」就是會讓你一直看到自己被愛的一種「覺醒」。當你的這個覺醒已經很穩定地出現在每天的生活裡的時候，你會體驗到一種「天天都被能量更新」的煥發感，就好像睡得很好那一天，早起時會有一種喜悅的清新感。那這個叫做什麼呢？高靈說，這個才叫做「日日是好日」。

「日日是好日」是一句很美的話，不過那是當你能夠時時能量更新的時候，才真正能夠體會到的。

而當你可以「日日是好日」的時候，你會發現自己也真的很容易遇到好事、頻頻發生好事，這也是基於吸引力法則。所以你又會常常覺得，自己為什麼會那麼幸運、那麼幸福！然後你就會很清楚地看到，自己對這個世界所付出的，與所得到的一比，實在是不成比例的。這種心情就像是：你買到了一個你知道很棒、很難得的東西的時候，雖然這個東西是你用錢去買的，可是你卻清楚這個東西的好，絕不是有錢就能買得到的。你就會有一種滿滿的感謝的心情，不是嗎？

如果你每一天的生活，就像是有很多很多、錢再多也買不到的東西，可是你卻一直在得到，那麼這份喜悅的能量有多飽滿啊！那你還需要療療癒任何的傷嗎？你還可能跟記憶裡的任何人過不去嗎？不可能的，這些都是不需要的了！在豐盛中所開展出來的慈悲裡，你就自由了。

（註1）請參閱〈情緒伴侶VS靈魂伴侶〉一文，出自《愛的聰明，對我們都好》，章成著。商周出版。

（註2）請參閱〈為什麼你的生活必須豐盛〉一文，出自《讓我的功課，變成我的精采》，章成著。商周出版。

（註3）請參閱《奉獻：打開第五次元意識，看見尊貴、美好的生活》，章成、M. FAN著。商周出版。

☆地獄遊記之「不負責任的人」

今天要帶大家到地獄（的某一層）一遊。遊過以後，會讓我們對「情緒」看得更懂，活得更好。

「三寶」的情緒火山：都是別人的錯！

這個社會愈來愈多人主張「以暴制暴」，但其實真的會這樣去做的人還是很少數的。然而，你會不會一不小心，有一天真的就以這樣「俐落」的邏輯去處理事情了呢？也很難說，對嗎？因為當你在生活中累積了很多情緒、壓力，這些能量其實是愈來愈會想要透過一個衝突事件，去「暢快爆發」的。

然而，累積愈多情緒的人，對於觸怒他的人事物，就愈不會從別的角度去想，很快就會認為對方是邪惡面的代表。所以就算尚未去「以暴制暴」，在他的心裡頭也已經開始循環出一種會蒙蔽自己的反應模式：

看到別人有什麼從他的角度看，會很不爽的事情，他就會去批判、謾罵；可是碰到自己支持的一方犯了錯、或自己也犯錯的時候，他就會默不作聲，忽略過去。

也就是為了不想要自我感覺不良好，他對外在事物的批判的另一頭，是對自己犯錯時的模糊帶過。這其實已經是一種狡猾，也是一個人變得不負責任的開始。

高靈說，這種心態模式就是「三寶」的鼻祖。也就是說，現在大家所詬病的「三寶」，就是這種心態模式演變出來的。

你在新聞裡面看到很多，例如：活得死皮賴臉、還振振有詞去家暴的人；或是明明是自己的錯，還會跟人家硬凹暴氣的奧客……這些讓你覺得太誇張的作為，其實就是以上述的原理累積循環，而逐漸變成的。然而他們平常在鍵盤前面的表現，卻可能會令你大感意外，因為他們許多人看起來比你的正義感還強十倍，是更知道怎麼酸那些你也討厭的人的「鍵盤正義伙伴」。

所以「三寶」跟「酸民」，能量上有很多重疊之處，其中最大的共同點就是：他們都很會說別人的錯，可是從來不檢討自己。日劇《房仲女王2》裡面的人物「白洲美加」，就非常經典地詮釋了這樣的狀態。他們其實常常知道自己的自私和立場偏頗，可是他們就會厚著臉皮說謊滑過。這樣的人非常自我，因此也就非常的自我保護；也就是說，總而言之，他都是對的，有錯的話都是別人的錯。在他的世界裡面，他最大。

因為要自我保護，所以他常常會說謊來保護自己，把過錯推給別人。而這也形成了一個惡性循環：他逃避自己良知的方式，就是有「表面上過度的社會良知」，會比常人擁有異常的正義感、異常的愛打抱不平。

可是因為他的「三寶」——自我蒙蔽的習慣已深，他在很多事情上的自私與白目，只有他自己「不知道」，別人跟他相處時，卻感受得很清楚（雖然人家表面上不會講，心裡面卻是很討厭的）。所以他本人實際的生活與生涯發展，是一直被現實狀況修理的。

因此你就會看到這種人，一天到晚在那裡發脾氣、一天到晚在咆哮、在覺得世界不公平。於是終於有一天，當他看到新聞裡面報導誰在家暴、誰在虐貓，他就再也忍不住，真的去「以暴制暴」——跑去打人了。為什麼呢？因為這個新聞把他自己人生累積的情緒火山給引爆了，他必須要有出口可以去轉移、平息這口氣。所以表面上，是因為那個他要去打的人「應該被懲罰」，但實際上 是他的自我在說：「我生氣了，那就是你活該！誰叫你惹到正在不爽的我，給我打！」

當「酸民」會讓你忘記去尋找突破無奈的生命出口

這種狀態的人，就是現世中的鬼，他自己的境界，已經是活在地獄裡面了。這樣的人在台灣，高靈說，只占百分之三，算是很少的。然而為什麼網路上，看似酸民的言論卻這麼地多呢？其實很多會去表達所謂「酸民言論」的人，他們只是因為種種社會上的現象，讓他們陷入無力感，所以才以這樣的表達方式去說話而已，然而他們大部分的心仍是善的。他們在社會的某一個角落裡，每天還是有認分地，在自己的工作崗位上扮演著自己該扮演的那顆螺絲釘；只是當他們看到有人去以暴制暴的「私刑」時，也會在鍵盤上叫好而已，可是他們的狀態，和今天說的這種真正的不負責任，什麼都是別人的錯的酸民，是不一樣的。

不過如果你是因為對環境的無力感而習慣性地「酸言酸語」，你要知道，你真正深切的願望，並不是這樣的。其實你還是想去愛這塊土地、也想去對你自己與社會的未來，懷抱著希望的。那麼你就要知道：「酸言酸語」也是一個同溫層，會讓你忘記去尋找，怎麼樣可以突破這樣的無奈的生命出口；你會忘了努力去找到，在這樣的世道中，可以讓你自己過得豐盛，然後又真的可以影響這個社會，讓你跟這個世界彼此都愈來愈好的那一條喜悅之路。

在過去許多的文章裡，我們一直表示，這條喜悅之路是存在的，也不斷在傳遞與這條路徑有關的拼圖。可是如果你繼續讓自己活在這個「悲憤卻又不檢討自己」的社會氣氛裡面，慢慢地你的心也會被腐蝕，你也會逐漸地走偏。

正視「過的不好」所累積的情緒

台灣在七〇年代曾經流行過一本善書，叫做《地獄遊記》，裡面描述了一個「銅鐵刮臉地獄」的故事。故事說，有一個人，他覺得工作很辛苦，後來發現乞丐居然賺得還比他還多，他很生氣，心裡很不是滋味，有一天他終於決定拋掉廉恥，不去工作，當乞丐去了。他原本長得身強力壯，為了怕扮像不好，還特地經過一段時間的瘦身，把自己的外型搞得消瘦，再穿上破衣、抹上灰泥，才到街上行乞。之後果然收入很好，超過自己原本乖乖工作領的工錢。他覺得這樣「賺錢」好輕鬆，良知雖然有時還是隱隱作痛，但他再也不想要回頭了。

白天行乞，畢竟是低人一等、一直在看人臉色，所以晚上他就換上好衣服，到風月場所去娛樂消費、當大爺，平衡自己。然而一旦到了這些地方買醉，就更覺得錢不夠用了，結果他白天行乞的時候，人家給一元、五元他都拒絕，變成最少要十元起跳，他才要收。所以好心想給他兩、三塊零錢的人，還被他瞪白眼；有的人罵他，他也毫不在乎，還反擊：「你是懂什麼！」

很誇張嗎？可是他本來也不是這個樣子的。後來《地獄遊記》說，這個人死後就下了「銅鐵刮臉地獄」，因為他的臉皮實在太厚了。

所以這些「很誇張的人」，他們的「羅馬」也都不是一天造成的。一個人如果累積了很多情緒無法找到出口，在這個許多人紛紛「下海」去撈、去騙的世道裡，也會有一個斜坡效應，讓你的觀念漸漸被「積非成是」的想法影響，然後有一天你心一橫，真的也有可能會「下海去賺」的。而當你開始拿到好處了、口袋開始進帳了，那麼，很有正義感地說出指責政府、指責社會、指責世道的話，卻同時做著推銷騙人產品、賣著黑心食物的工作，這樣誇張的扭曲，也是會發生在你自己身上的。

所以請不要再讓自己一直習慣去看那些嘲諷社會、政治、人生的黑色冷笑話，而沒有真正去處理，自己在人生中過的不好所累積的情緒。因為這個同溫層其實是一塊滑溜溜的，通向地獄大門的斜板；滑得愈下去，只會愈難爬上來。請傾聽你內心的初衷，你本來是想要過得明亮、健康、豐盛、美好的；你本來也希望自己和別人，都是可以幸福的。那麼，關於能夠讓你這樣生活的一條道路，神佛就會問你，你真的盡力去為自己尋找了嗎？你真的盡力去為自己學習了嗎？

☆個性急，不等於有效率！

——兼談助人的藝術

很多人都有這樣的發現：在高速公路上開車，開得很不順的時候，如果先找個休息區下去上個廁所、喝杯咖啡再上路的話，後來就會變得比較好開，彷彿把剛剛「不順的運氣」給擺脫掉了。相反地，也有那種車開得異常順暢，自己卻有點想上廁所，結果下了服務區再回來以後，剛剛順風順水的那一股「流」就真的不見了。

這種「勢頭」其實是有的，以前我們也曾經談過，但這不是今天的主題。今天的重點要放在那個「不順」的情況下，你要怎麼自處才是有智慧的。

事情「卡」？心情不「卡」，就會有創造力

例如在下班尖峰時段，開車會卡那是一定的，如果沒有非得要現在回家的理由，你就可以先去做點想做的小事情，吃飯、散步、追個喜歡的劇……等最塞車的那一段時間過了以後再上路。你會發現回到家的時間，跟一路塞車回家其實差不了多少，可是你卻多做了好幾件事。

但如果你就是必須在尖峰時間上路，或是不預期地遇到了大塞車，走走停停，你就可以把平常蒐集的好音樂拿出來欣賞，或是把平常儲存的演講影片拿出來播放，一邊塞車一邊聽。你會發現，你其實也可以度過一段美好的時光，而無需在那兒一邊開車一邊焦躁，讓自己覺得很難熬。

同樣的道理，你現在的生活遇到不順利的事情了嗎？那就把它想像成是你遇到塞車，暫時受到阻礙了。那麼既然車子已經在卡，你就不要再讓你的心情也卡進去，因為那沒有任何幫助。你要準備一些在這種時候很也容易取得的美好事物，讓你可以先把你的情緒從那個「卡住」裡面「拔出來」，讓自己能夠深呼吸，能夠好好吃飯、好好睡覺，能夠轉換情境。（所以那些你會真的「怦然心動」的事物，平常是要蒐集好的。）

當你少了情緒、多了喜悅，之後再去面對問題的話，你會比之前一直在焦躁的那個你，多出一種「超能力」——那就是「創造力」。

「創造力」會讓你思考問題時，比較容易想起你「真正該想到的面向」，使問題迎刃而解。只是當人有情緒的時候，偏偏就是會往那個卡住的地方一直糾結進去、一直不甘心下去，所以很少能在生活不順的時候發揮出創造力——因為人總是很容易被情緒綁架。

然而當人的心情可以鬆綁，他的「內在空間」就會擴大；這不只是可以讓你去「包容」

和「容忍」而已，還可以讓你有能力學習更多的智慧。一旦你利用這個鬆綁的內在空間去學習智慧，這些智慧就會替你的內心開闢出更多的「智慧空間」出來，使你的創造力又更強，這樣就形成一個好的循環了！於是，什麼卡住的事情一進到這個空間裡，都會很快迎刃而解，且別人跟你相處的時候，也常常會感受到一種「好像你很從容、很富有」的芬芳。

把「放鬆的空間」轉變為「有智慧的空間」

這種「芬芳」就是很多人最想要的「吸引力法則」，因為它真的會幫助你吸引實質的豐盛，讓你的人生愈來愈富貴；也就是當你還沒有那麼有錢的時候，別人已經覺得你活得很亮，那這樣演化下去，你就真的會愈來愈有錢了。

談到這裡先做一個整理：

人生遇到不順的狀況時，先透過愉悅的事物放鬆情緒，獲得「內在空間的擴大」；內在有了空間以後，就要再去學習智慧，讓這個「放鬆的空間」轉變為「有智慧的空間」。

也就是說，放鬆是必須的，但你給自己「放鬆的空間」，是為了可以去學習智慧；不是給自己「放鬆的空間」以後，卻演變成耽溺於舒適圈，而逃避掉問題。前者會讓你愈來愈富貴，後者卻會讓你的人生向下沉淪。

所以從這裡也可以談到：人為什麼要來地球做功課？其實就是為了體驗「從淤泥中開出

蓮花」的精采。你如何在淤泥當中生長，卻讓淤泥變成你的養分，最後開出清香的花朵呢？一旦通過這趟歷程，你是會大開悟的。所以這也是為何佛教總以蓮花的開花，做為修成正果的象徵的原因。

成就高是因為眼光準、才華高，不是因為性子急

有人問：「有的人性子急、脾氣大，可是做事效率高，成就也高。難道不好嗎？」

其實那是你從你的羨慕裡面，去仰望出來的浪漫。性子急的人如果有高成就，那主要是因為他的眼光準、才華高，不是因為「性子急」。如果沒有前兩者，那他就什麼也不是了，這一點其實他們自己也很清楚。

他們知道自己的性子急、脾氣大，在人際關係裡面埋下了很多刀刀劍劍的因果，這些是讓他們很疲累的。所以如果你問他們的內心，他們也會覺得這樣並不好，只是他們控制不了自己而已；而因為控制不了，他們就一直用「我比你們行」去維持人際關係中的優勢，讓別人對他的個性買單。

其實才華高、個性溫文儒雅的人，也有很多的。而你去想想，他們若繼續修為下去，不就是佛菩薩了嗎？所有的神佛，都是才華高、能力強，但個性卻「超好相處」的典範，不是嗎？他們謙遜、忍讓，卻絲毫無損於在人們心中的尊貴位置。那為什麼他們可以這樣？

因為他們的智慧和能力，都是打算用來提攜、造就「人」的，而不是把「業績」、「利潤」這些「事情」本身，當成很了不起的成就。

所以才華高的人怎麼樣可以修到性子不急呢？答案已經在這裡面了。如果你人生的價值與成就感，是放在「淑己成人」上，而不是放在「證明自己」上面，你的才華還是會大放異彩，但你的急性子卻會消失；因為你跟別人之間有更多愛的流動以後，這份能量會讓你常常感到滿足，也會讓你常常看到感謝。

所以老實說，「急性子」其實骨子裡是「討厭人」的，這就是你這一世的「原廠設定」──是你基因帶來的大功課。可是你其實很渴望被愛，但是你潛意識又討厭人，這不是很矛盾嗎？這個矛盾如果沒有整合，就會變成你一生的苦難，等待你有一天醒悟過來。

當然，既然這是你的「原廠設定」，顯然也不是你叫自己不急、就可以慢得下來的，因為個性是經過累世的累積塑造出來的。所以很多想改變自己個性的人來上課，老師都告訴他們說：上課是一種「浸泡」，改變是從「浸泡」來的，不會是你「聽懂了某個道理」所以你就「做得到了」。因為你以為的「我懂」，還只是在比較粗糙的理性層次，這種「懂」是不夠有能量，去燃燒掉你的舊習的。

例如你是一個急性子的人，上課是先在能量的層次，讓你的急躁逐漸慢下來；也就是老師會運用很多的方便智慧，一直去創造與擴大你內在的空間。之後才慢慢帶著你對很多事情去「這裡看看、那裡看看」，還會給你很多小功課，讓你去「這裡有一點體會、那裡有一點體會」。於是漸漸地，很多你需要的拼圖──無論理性的或感性的──你都收到了，那你人生中糾結的問題，便會一個一個解開；而你的個性，也會在不知不覺中轉變了。

所以一個人個性的改變，是可以在這種「浸泡」當中自然而然發生的。直到有一天，當你又碰到以前一定會非常有情緒的事情，卻發現自己竟然沒有那樣的情緒反應，還自然地冒出以前不會出現的觀點，而能用更雙贏的方法去處理、得到更好的結果。這時，你才會很開心的發現到：自己原來已經改變這麼多了！

如何改變別人的「本性難移」？

所以在這裡順便可以稍微談到：你要怎麼去改變別人的「本性難移」。

人的改變其實不是你一直跟他「好說歹說」就能做到的。如果可以，大家從小到大看過多少聖賢書，不都應該成為聖賢了？改變一個人其實是一門大工程，需要有很多配套；也是一門高妙的藝術，需要你的觀念非常靈活。例如對於個性很急的人，假設他正在吃飯吃得很急，全然沒有享受人家用心烹調出來的佳餚，那你不用跟他講道理，只要遞給他一杯紅酒，當下他就會突然慢下來了。然後等他喝了幾口紅酒，變得更輕鬆、更「有fu」了，那時候你就跟他說一點這個菜、那個菜的營養，對他身體的好處在哪裡，那麼他內心對這一桌子的菜的感謝，就會很自然地跑出來，然後也就能夠品嚐到人家的心意了。這就是不著痕跡地改變一個人的藝術。

要去改變別人很難，最主要的原因是，我們自己的智慧、能力不夠，因為我們對這門藝術並沒有學習那麼多；並且我們自己的觀念也有很多框架，使得我們能夠解決問題的創意比較少。所以在佛法裡面說，行菩薩道要「廣學多聞」、「善巧方便」；可是這個廣學多聞、善巧方便，就抵觸到有些人所謂的「戒律」了。

例如說，有的宗教很強調絕對不可以喝酒，那你怎麼可以用紅酒去度人？可是對於有智慧的人而言，其實任何事物都沒有所謂的好或不好，只有你用對了或是用錯了。禁止喝酒的戒律會出現的原因，是因為很多人他不會克制自己，而且確實這樣的人也不少，所以它是有道理的。但是當你在做更高層次的學習的時候，你就要知道，每個事物都是中性的。

所以如果你是一個有覺的人，酒對你而言，就可以用來開展你味覺上的細緻度、啟發你為別人創造美好體驗的能力。但如果你是一個已經過得不好的人，喝酒變成你逃避問題、麻痺自己情緒的管道，那對這種情況而言，酒確實便是你應該要戒掉的東西。所以要不要「戒酒」，是要從相對的角度去看的，而不是說「酒」就是一點也不能喝、不能碰的有害之物。這就是不明瞭「緣起」，變成有「定見」了。

其實人生的一切都是要用智慧去思考決定，而不是有一個「教條」，可以去規定所有人的行為準則。真正覺醒的宗教，是「不會告訴你什麼是絕對不可以的」，而是會告訴你：任何事都要去「覺」，去看到在你人生的翹蹺板上，你此刻的支點應該放在哪裡，人生才能夠取得平衡？而這才是佛法名為「覺醒之法」的本意。

以這樣的「覺」去學習、去生活，才會讓你變得更細緻、更靈活、更沒有自我；然後才能真正開展出慈悲與能力，運用在日常生活中。這樣的你有一天，必定會成為人間的一艘大法船！因為任何人向你求助時，你都在運用那個「都可以」的藝術，引渡對方找到他回頭是岸的路徑。而這就是隨時隨地都在「利己利他」、內心已經全然無諍的「活佛」了！如果要說「持戒清淨」的話，應該沒有比這樣的持戒更清淨的了。

☆踩住情緒的煞車（上）
——翻桌時代的保命符

前陣子有個社會事件，火鍋店吃火鍋的女子因為長髮不小心碰到隔壁男子，雙方發生口角，盛怒的男子居然將火鍋熱湯向女子臉上潑去。新聞報導還特別說，兩人究竟口角了多久才爆發潑湯動作？監視器顯示：竟然只有十九秒。又例如更早之前的香港小情侶箱屍殺人案，也是因為吵架失控，所造成的恐怖悲劇。

這些案例顛覆了「一定要彼此有深仇大恨，人才會下此毒手」這個認知。高靈說，這是以前的人的模式，不是現在的了。因為社會發展M型化一直在擴大，到處積藏著壓力，而新聞媒體或電影、網路影音，又充斥著情緒鬥爭的影象與敘述；再加上愈年輕的一代，因為他們的成長過程，使得他們的文化裡是比較沒有「忍辱負重」的這一塊的。因此總體來說，現在的人的「情緒抗壓性」其實是比以前更低，是很容易遇到小事情就翻桌的。也就是說，現在的人的情緒，會比以前的人更快反應（爆發）出來，所以失控打人、殺人這種事情，將會變得愈來愈常見，不再需要彼此之間有什麼深仇大恨的了。

「忍氣吞聲」是很大的「修行」

剛剛說：愈年輕的一代，因為他們的成長過程，使得他們的文化裡是比較沒有「忍辱負重」的這一塊。這並不是在批評，僅僅是就世代差異做分析。為什麼以前的人總說，男生當兵回來以後，會變得成熟呢？因為以前當兵是比較辛苦的，軍中的管教是更威權的，合不合理的事都會發生，所以男生在裡面就要更懂得按耐住情緒，不可以衝動行事，以免給自己造成遺憾。這種「忍氣吞聲」，會讓一個男孩逐漸成熟。

當然並不是「忍氣吞聲」的本身讓人成熟，可是「忍氣吞聲」之後，會給自己開啟一個機會，讓自己去變得更有智慧。比如男生在軍營中遇到難搞的長官，他既不能衝撞、也不能逃避，就會去思考該怎麼說話、怎麼做事才會安全過關；跟同儕之間發生衝突的時候，計較是不是有用？還是要怎麼想辦法讓看不順眼的彼此還能繼續合作，去完成任務，才是雙贏？這些都是以前沒有的處境，而現在必須去思考，找出一條路來的。所以這個「忍氣吞聲」就不是消極的，是邁向學習智慧的第一步；而這種為了讓自己學習智慧的「忍氣吞聲」，就正是男孩能夠在當兵時變得比以前的自己更「沉穩」、「成熟」的原因。

可是現在的替代役很多、軍中管教上也合理許多，當過兵或沒有當過兵，差異就不太大，再加上他們大多是在「爸媽要和子女們作朋友」的教育觀念下帶大的，因此相對上比較沒有「忍氣吞聲」的人生歷練，就很容易只對他們當下看到的「對」和「錯」去反應，而不知道還需要顧慮什麼？而有情緒的時候，為什麼要踩煞車？有什麼更大的意義要這樣做嗎？他們的成長背景也讓他們在腦子裡搜尋不到這些，因此如果跟別人發生衝突時，就更容易跟著情緒去做處理，也許直接開打、也許直接分手，又甚至一起玉石俱焚、一起毀滅。

其實遇到衝突時，一個人願意先作那個讓自己的情緒踩住煞車的人，然後去傾聽與反省，這並不是軟弱的行為，這就是「謙卑」，這種「謙卑」最大的受益者其實是自己；相反的，每次吵架都想要逞一時之快占盡上風、吵不贏甩頭就走人的人，往往在他自己靈魂功課的進度上，是最落後的，而他通常也會是大家眼中，主觀非常重、很想保持距離的一個人。

所以這裡所謂的「忍氣吞聲」，裡面其實是有很大的「修行」在進行著的，這會使你對事情比較能夠看到更多角度。雖然也許在那個「忍氣」的當下，你是在受苦、壓抑的，可是當這個「看到更多的角度」後來能夠在某些人生點上，幫助到你的時候，你再去回憶那個時候的「忍氣吞聲」，不但不會感覺心酸，還會是喜悅的、感謝的。

「讓情緒踩住煞車」的修練

所以你也許聽過有的人在回憶過去時，說他這一輩子最感謝的，是他當兵的那段日子所給他的磨練；還有人說自己人生最感謝的，是在某位很嚴厲的老闆底下做事的那幾年……

這些都是因為，人生最大的成長，往往都是從那些必須忍耐的歲月裡面得來的！

通過「忍氣吞聲」去學習到的智慧，後來還會變得特別深刻，這個深刻裡面還包括著：「喔！原來這就是佛說的慈悲和包容啊！」然後以後遇到事情，你就愈來愈會看得懂「立刻就反應」與「不立刻反應」的差別在哪裡？你就會知道，忍住一口氣，對你可以帶來多大的益處，那麼你就自然而然不容易被情緒擺布了。

很多人忍不住自己的情緒，一方面也就是因為沒有真的走過這條智慧之路，所以不知道所謂「忍氣吞聲」的正面意義（如何讓它成為智慧的開端），於是乎總是不服氣地想：「我為什麼要忍？錯的是他又不是我！」

成熟的人，對很多事都可以看得開、放得下。你可能會覺得很了不起，也很想要擁有這樣的胸襟，其實他們就是透過了上述的這個過程，走過了這條變得有智慧的路而已，所以才能夠超越你現在所萬分在乎的「對」與「錯」，做出對未來真的有益的選擇。

因此，大家如何去踏上這條智慧之路呢？就是當你遇到不認同的事情，讓你變得有情緒的時候，請記得先把情緒踩住煞車，不要馬上跟著那股情緒去做反應；接著就去想想，在這裡面如果怎麼做，會有什麼好或不好？雖然這個部分是用「頭腦」去思考，可是這樣思考的時候，你的「心」會變得更可以是「有感覺的」，因為你不會被情緒整個淹沒。

學習身心靈的人，常常在問「心」的感覺要如何變得敏銳？要怎麼分辨頭腦與心？答案也在這裡。你要能讓情緒先煞得住車，然後用頭腦去思考一下各種角度，這樣或那樣下去，會是怎樣？反而你的「心的感覺」就會跑出來了。

可是反過來，如果你不往「讓情緒踩住煞車」的方向修練的話，在現在這個人們情緒都很容易失控、社會又持續累積著許多壓力的環境中生活，有一天在你能量低落、流年又很不順利的時候，就很有可能跟別人只為了一件小衝突，就導致擦槍走火的意外，為雙方帶來難以挽回的遺憾。

或許大家都覺得，那對香港的小情侶，會吵架失控到殺人的狀況，跟自己的距離似乎很遙遠，但是當你在開車的時候，遇到那種不守規矩影響到你的車輛或行人，是否也曾經火大地在心裡頭喃喃罵說：「來啊！再來啊！再來我撞死你。」如果你曾經在心裡罵過這種話的話，其實這個情緒跟那個男生在掐死女友的時候，是一模一樣的能量形態的。

「情緒」會把你推向「玉石俱焚」的地獄

現在的社會其實隱藏著很大的壓力，只是大家都是把它壓抑住，但是當碰到一個因緣條件具足的時刻，這些壓力就會突然像火山一樣爆發出來，人就會失控得令自己也吃驚。例如，高靈說，在酒駕撞死人的案例裡，許多肇事者雖然都會說自己不是故意的，但其實潛意識是真的有過想撞死對方的念頭的，這個心理機轉是這樣的：

有些喝酒駕車的人，平常早已經有情緒問題，他的心裡早就壓抑著很多「想跟人家衝撞」的能量，因此他本來已經預算著要趁著前方連續的綠燈飆過去、或是想要維持著那個速度不想被干擾；可是這時候忽然有人（在他心裡面認為不識相地）出現在前方，擋住了他的去路，他的第一秒鐘是有情緒的：「你找死嗎？」他非但不是踩下煞車，甚至是繼續踩著油門的，他想看看對方會不會閃開、跳開？可是喝酒的他對距離的判斷也已經失準，然後嚴重的後果就發生了。

高靈每隔一段時間就會在課堂上傳遞有關社會未來趨勢中，可以告訴大家的部分。祂曾經提示過台灣的社會發展趨勢，在治安的部分將會愈來愈亂、社會事件會愈來愈多，原因就是：台灣社會正逢前景晦暗、欲振乏力的階段，有壓力而不會處理情緒問題的人會愈來愈多（將占百分之六十）；再加上這一代的年輕人在教育中，缺少「讓情緒踩煞車」的修練與文化。這兩者相加起來，釀成衝突或悲劇事件的社會案件，因此就會愈來愈頻繁。

因此「踩住情緒的煞車」，是在大家都容易對情緒火上加油的年代，一個絕對需要學會的能力，你才不會自己變成肇事者，或者是把別人催生成肇事者。

請記得，「情緒」是會把你推向那種「玉石俱焚」的地獄的；既然你認為是別人的錯，那麼為何要讓別人的錯誤，造成你如此大的損失呢？

高靈說，以後你看到別人的錯，就要想：「那我要給自己更好的人生。」這樣想就對了！

你就能幫助自己切換到更好的平行宇宙去。你就不會在路上開車的時候，去跟人家爭快那一兩秒鐘；也不會偶然遇到對你不禮貌的人，就一定要去理論；或是在任何爭執中眼看愈演愈烈時，你會讓情緒繼續升溫，進而造成兩敗俱傷。

既然你已經知道現在的世道不好，那麼很多人本來跟你是兩條平行線，不會有所交集，你又何必因為一時的情緒，去跟他玉石俱焚呢？只因為別人的不守法、不禮貌，而讓你自己變成了一個犧牲者，在那裡被別人捲進「他的不甘心」裡面，這樣值得嗎？如果你的朋友、家人，有那種火氣比較容易上來、正義感比較強的人，那麼你可以把這篇文章傳給他看看，讓他有更多的角度去思考。有時候，一個轉念，就很可能在某個關鍵時刻，讓他避開了一場劫難。

中國大陸最近有一個新聞，有個駕駛因為坐在旁邊的妻子太嘮叨，最後索性打開車門把她踹下去了，還好男方是把車子停在收費站時才這麼做的。接著因為他們的吵鬧，把警察也引來了，警察了解事情之後，首先卻是對那個太太說：「你不能去影響駕駛。」這篇新聞底下的留言很熱烈，幾乎大家都同情那個先生的處境，有的人說：「精神虐待更可怕。」有的人說：「精神暴力也是一種暴力。」可見大家都對這種被另一半一直嘮叨，有過很受不了、覺得很討厭的經驗。像這個妻子，就是不懂得怎麼讓情緒踩煞車，而她這種方式也根本處理不了事情，只會讓彼此成為「情緒伴侶」，讓關係變得更加惡化，不是嗎？如果經過了這次衝突，他們兩人之中，還是沒有一個人願意先學習「讓情緒踩煞車」的話，那麼下一次呢？會不會發生什麼更危險的動作？那麼到時候如果造成悲劇了，這能說是「無常」嗎？還是他們「可憐之人必有可惡之處」地，自己給自己造成的命運呢？

懂得識人的智慧，趨吉避凶

最後，當你懂得了這個社會大趨勢，你也就要更懂得去「探測」人與人之間可以的相處距離。每個人剛開始來見你的時候，都會把自己包裝成最正常、最好的樣子——尤其是當他們是為了生存，出來跟你互動的時候（例如來銷售、來求職），他們都會有一套被教育訓練出來的 **Know-How**，來跟你應對，所以如果識人的智慧還不夠，你就會看不清楚他們究竟有沒有情緒問題、是不是一個很玻璃心的人。

所以在這個時代，例如你是位老闆或主管，當你要雇用人進來時，你就要多加一個EQ的測試，去測試出來求職的人是不是其實已經是個潛在的「汽油桶」，隨時在等待一支番仔火來引爆它。這個族群其實非常容易測試出來的，設計的原理，就是「跟他們 say No」，或是對他們「不禮貌」，只要用這兩個元素，如果是非常玻璃心的人，多半會無力招架，他們會馬上就把情緒反應丟出去的，那這樣的人你就可以篩選掉，不要去錄用。

同樣的，你新交的男女朋友，也許他出場時形象很好、學識也佳，可是相處下去以後，你卻發現，只要你對他的要求有所拒絕，或對他有點不禮貌時，他就立刻會反唇相譏或有反彈的行為，那麼這樣的人，你或許就應該跟他放慢交往的腳步，再多加觀察了。

如果你懂得這個道理，知道這樣去辨識人，你就不會誤交損友、用錯員工，甚至愛上了不該愛的人，你就有能力能夠趨吉避凶。

那如果你發現，其實自己就是那個很玻璃心的人時，你也不要怪人家跟你保持距離，而是要先從改善自己的問題點開始，因為重點都不是那些瑣瑣碎碎的對與錯，而是，你那樣的人生模式只會讓你一直跑到地獄的區塊去運轉，那麼那些容易在地獄發生的災禍，你就會很容易碰到。所以為了你自己未來的幸福，現在開始，對你最重要的事情就是要學習「讓情緒踩煞車」，然後開始用智慧去處理事情。請記得，過去已經過去，千萬不要停留在「不甘心」喔。

最後，大家都知道的，能夠去服務飛機頭等艙的空服員，或是能夠去帶高級旅遊團的領隊，他們「對情緒踩煞車」的能力一定是比較強，才能夠得到這個相對待遇較高的工作；而真正的大老闆，也都是能屈能伸的。所以一個有能力將自己的情緒踩煞車，還能夠用智慧去把事情處理圓滿的人，一定是到哪裡去都會遇到貴人的！因為所有的老闆、在上位的人，都會想要重用你，把重要的任務交給你。那你的人生，就不只是會趨吉避凶，還會蒸蒸日上了。

☆踩住情緒的煞車（下）
——太主觀，愈老愈悲哀

很多人都有「太主觀」的問題，這就是所有夫妻問題、親子問題、種種人際關係的課題裡面，最原始的問題根源！一個人只要改得了這個習慣，人生中絕大部分的「地獄」都可以轉變成「天堂」；用另外一個角度講，你的人生真的是可以從「失敗組」翻身成為「勝利組」的。

主觀的人沒有自我檢討的能力

所謂的「太主觀」，就是比較沒有「自我檢討」的這種反應模式，這樣的人都喜歡「扣別人帽子」；也就是遇到事情還沒有好好思考，就會反射性地，立刻地做出反應（包括情緒）。如果是學歷高、自己覺得自己很聰明的人，一旦養成了這種個性，那麼他的人生即便一開始贏過別人，後來也一定會反轉向下，這也就是俗語說的「少年得志大不幸」。因為一個人如果太年輕就成功，很容易變得自負，習慣輕率地對任何事情做出評價，那麼他跟別人之間的溝通就會愈來愈不良；然而一個人的命運，其實是取決於別人跟他接觸、溝通之後，對他所產生的印象的。

要避免主觀，只要時時提醒自己：不管任何人講話，都一定有他的「道理」——不是「對」或「錯」的那種道理，而是指人一定會在他自己的相對位置上，有他當時的需要和看待事情的角度。如果你不要在那個當下急著去反應，而是可以給出空間，多想一想，多揣摩一下對方的處境，再去決定要怎麼應對，只要能改變成這個模式，你的人生就一定會受益無窮！因為這樣的你，才會用比較成熟的處事方式，獲得比較好的人際關係（好的緣分）；那麼你的人生就能夠順利發展，不會讓自己的「主觀」，一直變成「搬石頭來砸自己腳」的絆腳石。

遺憾的是，主觀的人通常不知道自己主觀，所以你很難跟他溝通。如果你遇到一個人，你想幫助他，但是他正深陷在自己的主觀中，沒有自我檢討的能力，那麼這個時候你就不能用力地去跟他講什麼，這是沒有意義的，也是對你自己危險的。為什麼救生員要從溺水的人的背後去救援呢？就是為了要慎防對方因為亂抓，把自己也拖下水去了；同理，相信很多人也都經驗過那種想要幫助一個人脫離主觀，最後卻「惹來一身腥」的狀況。所以對於主觀重的人，如果他根本還沒有騰出可以討論的空間，奉勸你就不要因為介入，而掉入他個人因果的漩渦裡去。

不過人在看別人的時候都很清楚，可是會不會自己也是「常常不知不覺就落入主觀的那個人呢？這要怎麼判斷呢？有兩個跡象可以給大家來判斷自己是不是一個「主觀重」的人：

1、對事情都會立刻有所評論、有所反應。

2、人際關係在大體上，怨懟比較多。

（當然，以上兩點也可以用來幫助你觀察一個新認識的同事或朋友，看他們是不是「主觀重」的人。）

有智慧的人對於事情的反應雖然也會很快，但是人際關係上所成就出來的結果，一定是比較和樂圓融的，有他在時，事情也會變得更順暢；如果不是這樣，大概你就可以判斷這個人是「主觀比較重」，而非「有智慧」的了。

主觀重的人是很容易跟別人發生不愉快的，在不愉快的時候，如果又沒有學會「讓情緒踩煞車」，就很容易開始在心裡頭「翻舊帳」，加重自己的不愉快和損失感，於是跟別人的相處一旦有過節，就會一直結怨下去。職場上會去寫黑函的常常就是這些人；而在親密關係上，他就會把自己和另一半變成「情緒伴侶」了（註）。

整理過去的「不甘心」，從「損失感」裡釋放出來

也許你不是一個主觀重的人，但是當情緒一來的時候，什麼人都會變得主觀意識強烈，然後就開始跟別人以怨懟連結，開啟「通往地獄的大門」。所以這裡要告訴你一個靈魂投生到地球來的必修功課，那就是：

學習讓情緒踩煞車。

什麼是「讓情緒踩煞車」呢？就是每當跟別人發生不愉快的時候，你要有能力做那個先對自己的情緒喊停的人。

為什麼要這麼做呢？因為發生不愉快的時候，若是任由情緒延燒，這很容易使你偏向主觀，使你與別人的溝通變糟，甚至產生怨懟，你就等於給自己開啟了通向各種不幸的大門了（而那就是「進入地獄」的意思）。而發生不愉快的時候，立刻對自己的情緒喊停，這才會讓你有機會脫離主觀，走向「天堂模式」。

又什麼是「天堂模式」呢？就是對自己的情緒喊停了之後，開始去細想：如果怎麼做的話，雙方都可以變得更好？這就是切入「天堂模式」了，你會讓自己更有機會跳脫你先天的命格（業力慣性），變得比原先的命盤所告訴你的人生，更有福氣。為什麼呢？高靈說，因為「讓情緒踩煞車」，是產生智慧的開端，而能夠產生智慧，就能夠創造過去的你所創

造不了的局面。

其實事情都不是「對」或「錯」這麼截然二分的，衝突常常都是因為：每個人在乎的重點與所看見的角度不同，在不夠理解對方的「角度」下才發生的。如果你能夠先放下自己的堅持，去想一想對方的狀況，通常你都能夠找到更漂亮的處理方式。

剛剛說，在雙方發生不愉快的時候先喊停，是開啟「天堂模式」的第一步，但這一步之所以大家做不到，就是因為眼前的這一件事，其實還勾出了好多以往的「損失感」和「不甘心」（舊帳一堆），是這些不甘心在作祟，才讓你的情緒不願意停下來的。

所以雖然你也知道，再這樣下去，彼此的關係只會搞得更糟，可是就是會耐不住性子，情緒已經滿到喉嚨邊。如果有這個現象，那麼就表示，你的過去實在累積了太多讓你不平衡的事情了！因為已經累積了那麼多，所以現在你就變得很容易失控。那這樣的話，你就需要先花一些時間去整理以前的那些事情，好好釐清一下以前你們的相處問題，找到新的處理方向。

當你整理清楚了、對自己的困境有了希望，你才會甘心放下以前種種，也才會比較願意當那個先把情緒喊停的人。如果你覺得當局者迷，要自己做整理很困難，那你或許可以來找老師幫你做整理，讓自己快一點找到幫助自己的角度，你就會更願意用積極的方式來面對現在的衝突。

其實當你能夠整理自己人生過去的「不甘心」，從「損失感」裡面釋放出來的時候，常常你會笑自己以前為什麼那麼傻，只能堅持那樣的想法和感覺呢！

「不甘心」其實是一種「心靈的毒素」，它就像重金屬對你身體的影響，如果長期累積，都沒有辦法「排毒」的話，一個人不僅會變得「很主觀」，這個「很主觀」還會演變成為輕度的「被害妄想」。也就是說，「不甘心」會使得一個人一旦覺得自己有損失，就會一直從這個角度去強化損失感，讓它加重擴大；然後他對別人或外在環境的怨懟情緒，也就會隨之升級，使得他愈來愈會將事情用「加害」與「被害」的角度來解釋。如果這樣的狀況繼續任其發展下去，這些負面情緒真的會對腦細胞造成損傷，最後就真的會變成精神醫學上所說的「被害妄想症」了。

被腦中的負面思考綁架的玻璃心、被害妄想

我們有時候會形容某些人「很玻璃心」，其實就是在形容這種輕度的被害妄想。有一些人你跟他作朋友（或是作為情人交往）的時候，剛開始你會覺得他人非常好，因為他會對你主動付出、非常體貼，甚至可以無微不至地替你設想；可是當你跟他更熟了以後，你就會發現，接受他的付出，其實代價非常的大，因為他會對你最微小的一舉一動，或一個眼神，都非常注意。這個注意是在懷疑，你是不是「有一點點」不喜歡他？你是不是「有一點點」

想跟他保持距離？所以漸漸地，你會發現跟他相處時壓力很大，因為你感覺到你必須一直去解釋各種事情，並保證你的心是向他敞開的。

如果你發現自己就是這種，任何事情不由自主就會往壞的地方想的人，你要知道這樣下去，你的人生是不會有好結果的。所以你該怎麼去調整呢？方法就是，每次當你有個意念跑出來解釋你所看到的事情，而讓你才剛開始產生出情緒的時候，你就要清晰地在腦中跑一遍這句話：「剛剛那個是我想的，可是事實也可能跟我想的不一樣。」

這樣做會非常有效地，當場中斷那個情緒的增生，並且讓你自己清楚：「我想的」與「實際狀況」之間是有區別的！這樣你的內心就會有空間了。而當你的內心騰出了空間，你就會變得可以去看見你為什麼會這麼想，以及事實是不是跟你所想的真的一樣？通常，狀況不嚴重的人，透過練習這個作法，就可以讓你漸漸變得鬆綁，開始可以不被腦中的負面思考綁架。

假如你已經有好幾次經驗，發現事情確實跟自己原先想得不一樣，可是就是有一股情緒推著你的腦子，一直在編織許多會被別人說是「鑽牛角尖」的情節，那麼你就要知道，其實自己的狀況是比較嚴重的了，那這就建議你必須來找老師協助，這樣才是比較愛你自己的作法。

有「被害妄想」傾向的人，還有一種徵兆，例如有時看到一個根本不認識的人，你會莫名其妙想要賞他一巴掌，甚至想要殺了他，這類念頭會突然跳出來（雖然你不會真的去做）；或是看到有人站在火車月台邊，你居然會有一個念頭會想要把他推下去，或是自己也想跳下去。如果你有上述這類情形，就說明你的內在有個你抓不住的部分，已經在把你往「地獄」的方向拉了，那麼你就絕對不能放著不管，這其中是有「因果」要處理的，而且也是可以處理的。

現代社會有這個部分的人其實不少，所以你無需自責或覺得自己很差，但你不能放任這個部分滋長，否則等你演變到別人也能察覺到你有被害妄想的時候，其實你已經回不了頭了。因為幾乎所有的人都會想要疏遠你，你的人生就會一直「莫名其妙地」面對一連串的「被拒絕」，因而四處碰壁。

在精神醫學上已經被確診為「被害妄想症」的人，你可以去看，他們到最後幾乎都會掉落到社會中經濟的最底層，如果連家人也拒絕跟他們生活的話，他們甚至就會流落街頭，變成了遊民之一了。

在「被嫌棄的恐懼」下塑造「有愛的形象」，是精神分裂的開始

那麼，究竟哪些人最容易從「太主觀」，演變成「被害妄想」呢？

人生中，當你自己覺得，有很多該做的事都沒有做的時候，你就會討厭這樣的自己；可

是討厭這樣的自己，卻又提不起勁去做，這樣的矛盾經年累月地循環，你就會是高危險群。

為什麼呢？因為這樣的你會一直跟別人比較，會覺得人家都一直在往上走，自己卻還是原地踏步，在這個「討厭自己又提不起勁」的循環裡面，漸漸你就會變成憂鬱症，變得很負能量；然後，這個討厭自己卻又渴望證明自己有價值的矛盾心情，就會變成一種「彆扭」——變成對自己、對別人都有攻擊性，並且開始比較激憤地去看待他人或社會，而變得非常主觀。於是碰到事情所產生的情緒反應，就會開始愈來愈有「戲劇性」，例如有時會深深地沮喪（就會想死），有時又激憤地想暴衝（就會想傷害別人）；有時又會突然悲天憫人，感覺自己對全人類有著大愛。有很多人是因為自己內在有這樣的狀態，而被宗教或靈修的各種說法吸引進來的，所以在心靈圈裡面，充滿了「黑天使」和「白天使」一直在交戰的人。

而這樣子「不喜歡自己」，就老是會覺得人家應該也會嫌棄他；但是他最大的渴望又是別人能夠看得起、認同他，所以他就會一邊用力去對外營造好形象，一邊又常常「拿刀插自己」。然而既然他一直在辛苦地討好別人，所以事實上他是恨別人的，可是恨別人是不行的，必須要表現出「愛別人」，不然會被排斥；所以他就會藉由比別人更強調「愛」、「修行」與「靈性」，去向自己精神喊話，也對外界塑造一個「很有愛」的形象，希望能夠在別人的讚譽中感受到「我很好」。

這些「有愛的形象」由於都是很用力在做的——是一直在「被嫌棄的恐懼」下運作，所以那是苦，也很累；可是更危險的，其實就是把自己「一分為二」，也就是精神分裂的開始。這也就是為什麼在宗教圈或靈修圈，有這麼多人「修」到後來變成了精神醫學上說的「思覺失調」（也被宗教圈稱為「走火入魔」），而他們精神分裂的「黑暗面」那個部分，最大的特徵就是認為很多人都想害他，甚至有邪惡的力量想掌控他，這便是「被害妄想」了。

其實，不喜歡自己，就是因為有一些東西你一直很執著、很想要，但是因為要不到，你就不喜歡這個自己、也看不起這個自己。可是高靈曾說過宇宙有一個「DNA的反轉法則」：你愈想要的，你就會愈要不到。所以，一直在要的人，要到後來反而會活成「一直拿刀插自己」，也就是精神開始出狀況。

「自己想的」跟事實可能不一樣

到底人生要怎麼過，才會真的愈過愈好呢？不是一直去跟別人比較、一直去要，而是，如果你能找到讓你真心願意去奉獻的事情，把自己的心力放在奉獻上，而不是放在自己身上，那麼反而你的人生會發光；而當別人都喜歡靠近你這樣的光，你自然而然就會豐盛。

如果你現在不但沒有辦法發自內心的感覺到，有什麼事情是你想要去奉獻的，反而已經變成了常常有一股情緒在忌妒別人、見不得別人好，又常在給自己戳刀，那麼這就代表著，有一些因果是你必須要去面對、處理的。否則的話，年紀愈大你就會愈主觀、思想就會愈封閉，愈容易用負面情緒去解釋一切，那麼你也就會朝向罹患「被害妄想症」的方向發展了；你就會愈來愈覺得大家都在瞧不起你、覺得別人都在背後偷偷說你的壞話……等，那你的福氣一定會一直蒸發掉，使自己的境遇一年不如一年（所以你妄想的那些也會變成是真的）。

如果你感覺到自己確實有在往這個方向發展，而想要扭轉的話，那麼首先你就可以開始學習讓情緒踩煞車，方法就是剛才曾說過的：每次當你有個意念跑出來解釋你所看到的事情，而讓你才剛剛開始產生出情緒的時候，你就要清晰地在腦中跑一遍這句話：「剛剛那個是我想的，可是事實也可能跟我想的不一樣。」

如果這個方法已經無法阻止你自己一直想下去，就代表有些因果已經累積得很重了，那麼就建議你來找高靈處理，因為不管的話，除了心智會繼續走向「被害妄想症」，將來人生也一定會出大事情。

高靈說，人發展到會被別人貼上「被害妄想症」的標籤的時候，就幾乎無法回頭了，因為這種狀況，你會很堅決地認為自己的想法就是真相，不會認為問題在於自己。在醫學上，就是沒有「病識感」——不認為自己有生病。那這樣的人又怎麼會「回頭」呢？到這個階段，任何的別人都已經很難去救他或教他了，於是未來某個點到了的時候，他所累積的負向循環，就會讓他的人生發生很大的悲劇。

有的人很想要去救這樣的人，可是如果你能力不夠，反倒是非常容易被捲進他的因果

（各種漩渦）當中。如果你是因為感覺到自己內在也有他的這個部分，所以會很想幫助他的話，那麼奉勸你，反而是你自己要先來處理自己的問題，讓自己完全從這種能量脫離才對；否則你去幫助比你更嚴重的人，很多時候不但幫不了忙，你反而會「複印」進更多對方的能量進來，擴大你自己的陰暗面。

覺察到更多角度，情緒自然消失

最後，回到今天的主題，做一個總整理：情緒和主觀，就像一枚錢幣的兩面，是互相依存的，因此「踩住情緒的煞車」，並不是要你只是「壓抑情緒」，而是這樣你才能給自己機會，讓自己從主觀中突破，覺察到更多角度；當你覺察到更多角度，原先的情緒自然也就會消失，所謂的壓抑，也就不需要了，這就是佛法裡面說的，修持「忍辱般若波羅蜜」真正的意思。

當然，不是等到發生問題才去辛苦的修「忍辱般若波蘿蜜」，而在平常沒有問題的時候，就一直願意去學習智慧，主動打破自己主觀的人，他們就更不需要一直在「亡羊補牢」裡面處理問題，而是能有充足的能量和能力輕盈地向上走，比人家更快地心想事成了。那他們並沒有汲汲營營去要別人的肯定，卻真的就會綻放出人人都想要追隨的光彩，而你說這樣的人多不多呢？其實也是很多的。

（註）情緒伴侶，剛好是「靈魂伴侶」的反面，請參閱〈情緒伴侶VS靈魂伴侶〉一文，出自《愛的聰明，對我們都好》。

☆化解情緒的真正方法，是提升處世的能力

人家說：出家剃髮，是象徵著要剃掉「三千煩惱絲」，那什麼是「煩惱絲」呢？其實每一根都是情緒。

也有宮廟教導說：人生不好就是因為心裡有很多結，要去打開才會開運。那這個「結」是什麼呢？也是情緒。

是人的話，心裡多多少少都有這些情緒的「結」的。情緒並不可怕，可怕的是你順著它，讓它把更多情緒拉進來，讓自己更苦；或是你壓抑它，不願意走出舒適圈去面對情緒的來源。因為以上兩種作法都等於你不給自己機會去打開心裡明明存在的結，反而把它纏得更緊、發展得更複雜，而其結果就是：這些結都會交織成你的「負面敏感神經」，你會發現，外在的人事物只要碰到你這些負面敏感神經，你就會一方面想攻擊對方、一方面又想逃開這些事情；可是別人那裡又有你想要的東西，你就會變成一種既自恨又恨別人的不甘心狀態，這個不甘心會開始把自己撕裂，有些人到後來就開始精神出狀況了（精神分裂的開始）。

大家都相信佛的內心一定很平靜，那麼佛到底是怎麼做到的？其實坐在那裡、閉上眼

睛是不會成佛的，成佛之前要經過「修菩薩道」的階段。那「菩薩道」是什麼呢？其實就是：身為人，願意去學習處世的智慧；處世的智慧學得愈深，你就會愈知道「事情沒有對錯，只有你能不能找到那個平衡點去做調整和處理」。

上述這句話是很高段的智慧，當你對這句話真的有體認時，你的人生已經開始有慈悲的「慈」（不會活在「悲」裡面了），也就是你的慈悲在你的人生中是真的可以運轉起來的了，人有慈悲之後，才可以漸漸走向「開悟」與「脫離輪迴」的。

上面說的如果你還沒有體認，那也沒有關係，至少你可以開始去思考和觀察，事情的「對」與「錯」，或「誰是對的」、「誰是錯的」，對你的人生真的那麼重要嗎？如果有智慧的話，就會明白這些確實不是重點，重點應該是「我有沒有能力在其中給我自己我要的自由」？也就是說，無論什麼事發生了，你是不是有辦法做出應對，讓眼前的絆腳石變成墊腳石（這就是有「處世的智慧」），這才是重點不是嗎？如果可以這樣，你馬上會發現，你的情緒就消失了，你根本不會需要去恨自己或別人（或這個世界）。

現在有很多人都在對這個世界不滿，可是這個世界本來就不是要來讓你「滿意」的，它是一個教室，讓各種不同功課的人在其中碰撞、犯錯和學習提升。當你不懂這個道理，又無法在這些碰撞中創造自己的自由（有自由才會有平靜），你就會累積很多消化不了的情緒；而其中有一些會特別偏向於把這些情緒都怪罪於社會、怪罪於別人的人，就很容易往躁鬱症的方向發展。那些會去開瓦斯桶爆炸自殺，或是出去隨機殺人，就是這麼來的。

躁鬱症與憂鬱症不同，他自毀的方式有個特點，就是會去「玉石俱焚」。如果你看到你周邊的人有這樣的能量，或已經出現這樣的意念，你可以試著把這篇文章的訊息告訴他，他是會有感覺的。但你要很有耐心，不能期望他們一下子改變，因為他們會走到今天這種「不甘心」或容易急躁、憤怒的狀態，就是因為他們也很固執，一向聽不太進去跟自己不合的角度；那麼想幫助他的話，就要告訴自己，我必須花更多時間慢慢去引導和等待，他這次聽不懂沒關係，我會慢慢灌溉，直到有一天他能夠打開。

願意有耐心的，幫助很容易有情緒的人，這是很大的功德，因為你不只是幫助了他，也幫助了整體宇宙間，更大的那個你自己（這個比較玄是嗎？那先聽過就好了）。在這個過程中，你的慈悲和愛是一直在增長的，你也會更清楚地反省到過去的那些你自己，更感恩現在的你所處在的人生階段是多麼的美好！

話說回來，如果你是那個很容易被情緒綑綁的人，而你現在告訴自己，你願意在你人生的「結」裡面，去找尋更高的處世智慧，那麼要恭喜你！你已經踏出了真正幫助自己向上提升的第一步了。

那接下來該怎麼做呢？

學習處世的智慧，可以有很多途徑，但最快的方法，就是放下自己的固執，去多聽多看，尤其多向有智慧的人靠近、請益，願意讓他講你的缺點、你的不足，而不是誇讚你；常常觀察有智慧的人是怎麼說話、怎麼應對、怎麼處理事情的，這就會讓你逐步向上提升（當然不是一蹴可幾的）。

而當你看到的愈寬廣，就會發現，所有情緒的產生，只不過是因為對事情「不理解」與「沒有能力處理」而已。當你能夠看到的角度愈多，你的「理解」與「能力」就會同時增進，你的情緒自然會愈來愈少了，而這樣的你所開啟的人生軌道，也會讓你原先達不到的心願能夠逐步實現，這就是你為自己的成長奉獻，所得到的必然成果。

2

再見！自律神經失調

☆自律神經失調，是在告訴你：你的頭腦大於心

現在有很多人有胃酸過多的問題，除了壓力、三餐不正常的因素之外，其實還有一個最重要的原因，就是吃到了不良的食材。不良的食材現在是多到超乎想像的，媒體也一直在報導，可是有許多人明明吃到了感覺不太對的東西，他卻不去正視，依然繼續吃，為什麼呢？因為頭腦會說：「這個方便嘛！我喜歡吃嘛！不然就浪費了嘛！還要重新再去找，很麻煩……」

然後胃酸逆流得很不舒服時，他就去買胃乳、胃散，餵自己吃下去……一直重複這個循環，就這樣打發自己，讓消化系統常常在發炎狀態。終於有一天得了胃癌、食道癌，他就會說：「沒辦法嘛！外面賣的東西都是這個樣子……」其實，真的沒有辦法嗎？

用「頭腦」在計算，沒有用「心」去感覺，讓身心失衡

不是的，如果他願意去留意，他就會發現：咦？怎麼每次吃完這家的東西就會出現胃脹、胃酸過多，可是去別家叫同樣的東西吃就不會呢？或是：咦？好像這個牌子的這種東

西吃了總是會胃脹……等。他就會慢慢去篩選出哪家的東西不能吃，或是哪個廠牌的東西不能買，那麼他就會漸漸遠離會造成他胃食道逆流的食物了。

當你發現有問題時，能這樣子去持續地留意、蒐集拼圖，這就叫做有「心」。可是現在的社會，大部分的人都做不到，你知道為什麼嗎？為什麼人們連對自己的健康，都可以這麼頭腦？

原因可能會讓你嚇一跳，其實這就是自己「因果的回返」——因為你已經這麼對待別人，所以也就會這麼對待自己。

人首先是對別人已經沒有了「心」，跟別人往來時都是用頭腦在計算；然後習慣了用頭腦計算以後，對待自己的方式也會變成「很會算」，而對自己沒有了「心」了，結果這種計算根本是在惡待自己卻不自知。

這就是所謂的「當局者迷」。然而對自己的「身心靈」也用頭腦在計算的人，他就會失去健康！因為當你的身體或心靈給你警訊，或甚至你已經察覺到什麼該做、什麼不該做的時候，本來你是有感覺的，可是你的頭腦就會說：「管他的勒！」

有人問：「會這樣嗎？明明已經有警訊了，人還會置之不理嗎？」那麼，你有沒有一些親人、朋友或辦公室的同事，他情緒常常很緊繃、說話也很緊、做事也很緊，別人都看出他的緊，都希望他能放鬆一點，不要那麼容易有脾氣，可是他就會講一堆理由給你聽，好像都是外在的別人或事情造成的？可是請問：那他到底知不知道，自己其實是個比別人容易緊繃的人呢？

其實他知道！可是他的頭腦就是會找理由讓他轉移焦點，不去正視他那個「心」的知道，所以他就無法去做新的學習和改變。然而，長時期緊繃的人，就很容易演變成自律神經失調，然後又更容易鑽牛角尖；但因為不知覺自己在鑽牛角尖，別人好言相勸時，他便總是不承認，還是用頭腦在解釋，所以情況就一直惡化下去。直到有一天，他的失調嚴重到他自己已經意識到的時候，就算知道了，也很難控制自己了。

所以「自律神經失調」是在告訴人什麼呢？就是「你的頭腦是大於心的」，面對生活，你多半是用頭腦在計算，而沒有用心去感覺的；你沒有根據心的感覺去做事、待人、待己，所以你的身心就失衡了。

由衷真誠地「感謝」，就會開始有「心」

那要怎麼辦呢？當然首先就是要讓自己能夠回到「心」，可是要怎麼回到「心」呢？最簡單的方法就是去實踐「感謝＋反省＝奉獻」，因為若你對事情真的有感謝，你就會開始有「心」了。可是這個「感謝」必須是由衷真誠地去看見的，如果只是一個表面上的想法，那也是頭腦，是不會有效的。

如果你不知道怎麼產生真心的感謝之情，你可以去看《奉獻》這本書，按照裡面的練習去做；只要你能把「感謝＋反省＝奉獻」一直執行下去，你一定可以走出身心症，甚至還可以開啟你的神性。

請注意，現在有很多人也常常把感謝、感恩放在嘴巴上，但要怎麼觀察自己是不是真的有誠意呢？比如說，真的有感謝的話，若是去回饋那些你所感謝的人事物，需要多花一些錢，你是不是會真的感到歡喜樂意？如果真的需要跑遠一點去為他們做什麼事的話，你是不是會真的覺得甘願值得？如果是的話，那你的感謝就真的是發自真誠的了。而所謂的「心誠則靈」的「誠」字，也就是這個意思！例如如果你的胃酸過多已經很久了，那你願不願意每餐去記錄自己吃了哪些東西呢？看看哪些東西吃完了以後就會胃酸過多、哪些又不會？然後逐漸去找出會讓你自己OK與不OK的飲食。如果你願意付諸行動，實際這麼去做（也就是「奉獻」），這才真的叫做「有誠意」，這才是你對自己真的有「誠」。

那「頭腦」會是怎樣的呢？頭腦就是聽到上述這些話，就會把頭撇過去說：「哪有那麼多時間啦！」「我還有工作要忙、還有這個、那個要忙，所以先不管這個了！」如果你明明已經有了狀況，卻還是這麼樣搪塞過去，這個就是「被頭腦控制」的最經典的例子了。事實上，很多人的頭腦就是這麼會算地，連自己的命都可以算計（想想那些「人為財死」的社會新聞吧）。

所以我們說的「感謝＋反省＝奉獻」，這個「奉獻」到頭來真正是對你自己的奉獻，不是對任何的別人。

人回到「心」，就會看到「神」

進一步說，這個世界上充滿了會說道理、會做形象，心裡面卻沒有「誠」的人，他們已經太頭腦了，以至於甚至騙過了自己，以為自己很有「愛」、很有「心」，可是他有沒有「誠」誰知道呢？他的「高我」知道，神也知道，所以他有一天一定會在一個他完全想不到的時刻出大狀況。例如為什麼有人會說，他好不容易賺了好幾年的錢，卻一下子虧光光？因為神就是會把這些他所擁有的東西收回去，祂是會把你走錯的這盤棋打翻的。

會把你走錯路所建構的東西打翻，這還是比較好的，嚴重的話，若已經確定你今生沒有辦法回頭，祂（整個存有的這個「如來佛」）甚至連你的這條命也會收走的。就好像你玩的遊戲在電腦的設定裡面已經達到「Game Over」的標準時，你就必須歸零再來了；也像你在KTV點了一首歌來唱，結果愈唱愈難聽，雖然你的嘴巴還是繼續在唱，可是你的「心」卻一直在累積一種「心知肚明」，累積到一個點，就突然會揚手一拍，自己把歌卡掉一樣。那個「心知肚明」就象徵你的「高我」，而那個「嘴巴」就象徵「頭腦」，這裡的妙義，你可以去思惟而更有所得。

高靈說，那首你還在唱的歌會被你自己卡掉，你自己知不知道？你當然知道。同樣的道理，當跌落谷底的人在夜深人靜時，自問過去有沒有在哪些時間點本來應該調整，卻裝作看不見，而繼續荒腔走板下去？其實自己是最清楚的；也就是說，如果人回到「心」，他就會看到「神」，他是會看到「神」曾經在哪些時候提醒過他，而現在祂已經在懲罰他了。但神其實不是在「懲罰」任何人的，那是一個更大的慈悲，就是因為人已經偏差到了一個地步，不用這個劇烈的方式，他是不願意回頭的。就頭腦的執著而言，或許會視為是「損失」；但就人的靈魂而言，卻是「點化」。

所以人該問的是自己：人生為什麼要弄到那麼痛苦了才去反悔？才去承認自己之前的「頭腦」？就像你明明知道吃那些麵包、喝那些飲料就會胃酸過多，那為什麼還要一直吃？在這個過程中，有多少次宇宙間慈悲的力量們透過各種機緣、用各種方便來提點你了；你自己在午夜夢迴時，你的高我也多少次透過夢境來警示你了，那你為什麼就是要用頭腦去含糊帶過，繼續算計你自己呢？

然而這個「為什麼」的答案就是：因為其實你平常對別人也沒有「心」了，當你都是用頭腦的加減乘除在對待別人的時候，到後來你也會用頭腦來「算計」自己的。

所以為什麼高靈總說「心存善念，福氣綿延」呢？「善念」如果真的像大家認為的那麼容易，那麼「老生常談」，你我早該創造出人間天堂了。所以，真的要對自己好的話，請從現在開始，每天問一問自己：今天，我對自己「有善念」了嗎？我對自己「有真誠」了嗎？我對別人，還有沒有用「心」呢？

☆學習調控「自律神經」，你就不會「提不起勁」，也不會「停不下來」

「自律神經」雖然是人體自動運行的系統，然而，高靈說，它還是可以控制的，例如皮膚的毛細孔也是自己在開關，但若是透過某些方式法去練習，人也能以意志去控制毛細孔的張開或閉合。

那麼自律神經的失調，以皮膚的毛細孔來比喻的話，就像是毛細孔打開了卻關不起來，進而造成了你傷風感冒。如果你能夠調控毛細孔的話，那麼你就可以先讓毛細孔閉合，讓身體有機會處理原先已經造成的失調（感冒），處理好之後，身體自己就會恢復對毛細孔的正常控制了。同理，對於「自律神經失調」這件事，你也可以透過學習人為的調控「自律神經系統」，去幫助身體盡快恢復正常的節奏。

如何調控自律神經系統？

那麼，怎麼去調控自律神經系統呢？

在提出方法之前，請大家先了解：人的狀態有兩種極端，一端是非常懶散、什麼都不想做、什麼都動不起來；另一端則是很緊繃、很躁動、就是靜不下來。當人處在這兩種狀態時，雖然很不喜歡這樣的自己，但是都會覺得身陷其中難以改變。

比如說，明明有一堆該做的事，可是就是提不起勁，一直很容易分心，不由自主地就跑去滑手機、打電動、東摸摸西摸摸……結果一天又浪費掉了；或是在假日，本來訂定了早晨的運動計畫，可是就會把鬧鐘按掉再倒頭去睡回籠覺，然而一覺到中午以後，精神反而變得更加萎靡，然後對於虎頭蛇尾的自己，又會產生更多自責的情緒。

另一端，則是明明現在應該要休息、需要睡覺了，可是腦子卻不聽話，念頭就像關不掉的跑馬燈，一直重複想著一些一時無法處理的事情；或是明明身體已經很累了，事情卻做得停不下來，不由自主，好像非要一口氣做完才能休息。

高靈說，常常處於這兩端的任何一端，都不好，都會讓你覺得生活失去平衡，而且會漸漸難以自拔。等到真的「難以自拔」的時候，其實就是身心的失衡已經嚴重到了失去控制，身體自己調不回去了，而這也就是「自律神經失調」的狀態。

然而這兩個極端雖然看似不好，卻也可以為你所用，用來脫離這兩端，回到中庸狀態！這個調控的方法其實很簡單，只需要兩個步驟：

步驟一：每當你的狀況處於任何一端時，在那個當下，你都要去記住那個感覺。

例如你現在覺得很提不起勁、很慵懶，那你就先停止自責，給自己一些時間去記住當下的這個身心的感覺，將它銘印在心，也許這需要做好幾回；同樣的，當你處於很躁動、靜不下來的狀況時，也同樣這麼做。這個步驟做了一陣子以後，才開始進行下面的第二個步驟。

步驟二：接著，當你又落入某一端的時候，你就去「冥想」另一端。

你會發現藉由「冥想」另外一端，你是可以把你的身心狀態慢慢地從這一端向另一端移動的，甚至常常練習的話，你還可以控制你要移動多少「刻度」。

例如，當你覺得自己已經掉入很慵懶、什麼都提不起勁的身心狀況時，你就去「冥想」那個很急躁、靜不下來的感覺。所謂的「冥想」，就是先在記憶中喚起那個你所指定要回憶起來的經驗，然後專注在那上面。

結果你會發現，只是藉由如此，你就會開始感覺到自己的狀態真的有在改變，原先過於沉滯或過於躁動的狀態就會開始有所調和；對於熟練（常常有這麼去練習）的人，他甚至會感覺到自己的身心狀態就彷彿手機在照相的時候，螢幕上有一個可以調控光線明暗的滑桿，他是可以利用這個冥想去推動這個「自律神經的滑桿」，讓身心狀態往「放鬆」或「振奮」的那端偏移的。

這就是你可以調控「自律神經系統」的方法。

所以當你晚上睡不著覺的時候，你只要冥想那個慵懶、什麼都提不起勁的身心記憶，你真的就能在當下調控你的自律神經，讓你可以「down」下來，切換到容易入眠的身心狀態，你就睡得著了。反過來，當你覺得自己太慵懶、太不想動時，你只要冥想那個「很躁動、停不下來」的記憶，你就會發現你的身心真的會啟動，變得明快了。

不過，雖然這個方法說起來簡單易懂，但由於常常緊繃急躁的人，很少有非常慵懶、什麼都不想做的經驗，就算有，也對此不太會有記憶，反之亦然。所以當急躁的人偶爾有非常懶散的時刻，或是慵懶的人偶爾出現很躁動振奮的狀態時，請務必記得好好把握這個當下狀態，去練習「步驟一」，你才能夠在需要的時候，成功地運作「步驟二」。

自律神經失調的治本之道

接下來要來談的是，對於自律神經失調的治本之道。

整體而言，自律神經失調是在告訴你，你的生活已經在不知不覺中，偏離了中庸之道了。但說是「不知不覺」，其實也不是真的都不知道，只是不知怎地就是無法控制自己，就是會去重複「明知對自己不好」的模式。

例如本來人都有生理時鐘，早上你的生理時鐘讓你醒來了，如果你就起床來，這就是好的；可是有的人就真的會在這個時刻，有種非常抗拒起床的情緒，所以他就會按掉鬧鐘，或起來上個廁所又回去躺，直到躺到真的會不舒服了才真正起床。可是起床了就會更沒有精神，他就乾脆讓自己懶散地度過一天，於是又把身心往「沉滯」的那端調得更強了。

反之，有的人不好入眠，入眠以後又容易醒來，他也知道應該叫自己繼續休息，可是躺在床上輾轉反側真的很難過，最後就索性起來做事情了；可是這麼一來，生理時鐘就變得更加紊亂，他的「躁」又更加嚴重了。

但為什麼會有這種「老是無法控制自己」的狀態呢？有這種狀況的人常會陷入自責，結果情緒又變得更糟，他們會覺得自己的體內住著一個「小惡魔」般的自己。

如果你已經發現，你會用「小惡魔」（或其他類似這樣的形容詞）來形容這個自己的話，奉勸你不要再懷著得過且過的心態了，因為這是精神分裂的開端。在你的人生尚稱平順的時候，即使「小惡魔」偶爾來搗亂，熬一熬也就過去了；可是一旦碰到你的流年有很大的波動，許多事情同時發生變化，給你很大壓力的時期，你就很有可能發生難以逆轉的精神疾病的狀況，「小惡魔」就再也趕不走了。到那時候，即使你用今天教你的這個方法，對你的幫助也會很有限。

其實這個「無法控制的小惡魔」並不是真正的問題點，它只是因為你的人生在某些領域失衡了以後，你為了平衡，卻做不對方向、施錯了力點，還繼續這麼做，所累積出來的一種扭曲而已（這當然也包括多生多世帶來的因果），它只是症狀，就像發燒的本身並不是病。你只是不知道，自己一向是如何忙著搬絆腳石，來給自己的人生擋路而已；無論實際的作為也好，或是看待事情的角度也罷，你只是不知道，你是如何習慣性地用你的主觀去做事，結果給自己持續製造「事與願違」的挫敗感而已。這些在你的這一世或多生多世中「搬磚頭砸自己腳」的盲點，所衍生出來的惡性循環，才是「自律神經失調」真正的根源所在。

所以，「自律神經失調」其實是「你與這個世界之間的失調」的象徵，因此你該做的並不是一昧地吃安眠藥、胃藥，或是去狂吃狂買轉移注意力，或是擔心害怕地燒紙錢摺蓮花……你該做的是要向前人的智慧取經，找到能把生活中的每一個絆腳石、變成墊腳石的角度與作法，那你就會跳上一個「更高階的平衡」，開展出下一階段精神和物質上的順遂。這就是「自律神經失調」的治本之道，那你的身心症自然就會不藥而癒了（否則「是藥三分毒」，長期依賴藥物的結果，反而會造成更嚴重的問題）。

而所謂「前人的智慧」就是，其實已經有很多別人留下來的文字語言、經驗或故事，是能夠解開你現在的盲點的，如果你有誠心（下決心以此尋找為最優先），你一定可以找得到它們，因為當你是真的有「誠」，神一定會在後面推你一把，這是宇宙的法則。

當然如果你覺得靠自己太慢了，或是你已經很痛苦、沒有辦法再等，那你也可以來找高靈，幫你解決你的因果；但是同樣的，你也必須願意放下你所有的面具與尺度，願意不設限地聆聽高靈的訊息，否則高靈也只能順著你給的尺度去給你指點，那你的進度就會被自己所耽擱，你受苦時間就會延長，因為沒有人或神，可以去介入你的因果。

其實終究，不要害怕「自律神經失調」或「憂鬱症」，這只是你的生活失去平衡，而這些「失衡」裡面一定有其因果，你能平衡回來，你就好了。

怎樣做才能真的出運？

人生不免遭遇低谷，形容一個人走過生命的陰霾，重見天日，有個語詞叫做「出運」，那麼要怎樣做才可以真的出運呢？在這裡就可以告訴你了：

「出運」並不是你用頭腦去設定一個目標，然後處心積慮去實現，很多人這麼做到後來，反而得了身心症、癌症，苦不堪言，結果所有賺到的一切都變成沒有意義（請參考賈伯斯和李開復先生的人生分享）。

其實「出運」真正的途徑是：在人生的無常中（個人生涯及社會大環境的不斷變動裡），你能夠一直學習如何與這個世界取得「平衡」，使你的身心能夠常常保持健康盈滿的狀態（「平衡」是動態的，所以每個階段需要學習的智慧不同）。這樣，不需要用折損你身心的方式汲汲營營，你的福氣和錢財就會自然而然跟著上來，而當你的人生體驗到這種狀態時，那就是你「出運了！」

有能力與這個世界一直保持著動態的平衡，這就是「有智慧」的意思，不懂得這樣做的人，在佛家來說就是「睡著了」，沒有覺醒；而去學習保持平衡的智慧，那才能叫做「有修行」。而無論你的年紀大小、成就高低，人生不同階段都有不同的挑戰，會要求你去學習不同層次的平衡的智慧，而這就是「活到老，學到老」的真意，也就是告訴你：你真正需要讀懂的那部能讓你脫離一切苦厄的「般若心經」，其實，就是這個你選擇來投生的世界。

如果你能謙卑地放下自我的驕傲與設限，開始學習如何與這個世界取得平衡的智慧，一件事一件事解開你的不甘心，一點一滴釋放你的創造力，你人生的成長曲線就會變成一條向上揚升的拋物線，你也會開始跟「神」有真正的連結；然後這樣的連結日久年深，你甚至能夠預感到很多的事情（包括別人的生死，並知道死亡都不是偶然的），你也能預感到很多事物的消長，而知道了所謂的「天機」（不過這些都是自然而然的事情，若當作目標去追求，那就會適得其反，為自己帶來災禍）。

但這些並不重要，真正重要的是：學習平衡的智慧，將會是一個真正讓你能夠「回家」（脫離一切苦厄）的道路，因為你將從自己的人生路徑裡面，親自去看到「神」（那個「都可以」的無限意識），這一定會愈來愈清楚，而不是像一般人所說的：「我不知道有沒有神存在？」而當你看到了神，你就會知道生從何來、死從何去，也不會讓各種「疑惑」與「不甘」，將你留在無止盡的地球輪迴之中了。

最後，高靈說，你不必覺得這條路聽起來很遙遠，長路漫漫，因為只需要走到前三分之一，你的人生已經會很明顯地轉化至豐盛狀態了。那麼，人生還有比走這條路，更好的選擇嗎？

☆什麼人老了以後，容易得到失智症？

最近在我的課堂上，有學生問了有關親族的長輩，罹患失智症的問題。失智症並不如字面上的意思那樣單純（甚至有人把它想得很可愛）。其實，失智症不只是會迷路、忘記已經吃飯，還常常伴隨著幻覺、妄想，甚至發生行為暴力，最後連生活自理的能力都會喪失。

根據推估，全台失智症患者大約有二十三萬人，並且依台北市衛生局的統計，二〇一五年失智症首次進入台北市女性十大死因了。

誰會得到失智症？我會嗎？雖然這幾年經過不少新聞、媒體的報導，大家對失智症已經不陌生，然而到底為什麼會得到失智症？這個問題對很多人還是一個可怕的謎。

愈會逃避的人，愈容易得到失智症

得到失智症的原理，與中風其實很相像，就像一個人血管不通暢，循環變的不好，而他不去解決，一直在那邊忍耐著繼續做事，雖然外表看起來好像跟別人一樣可以工作、生活，可是淤塞的因素沒有消除，淤塞繼續不斷累積，最後就釀成了嚴重的問題。

同理，當你的人生遇到情緒卡住、心裡會打結的事情，形成了一個「內在的淤塞」，但是你不去透過「弄清楚」來疏通這個不通，只是忍耐著繼續在這個不通裡面去生活（逃避），那麼這種生活態度，就會讓你塞住的地方愈來愈多，把自己的身心壓得愈來愈重，當達到一個臨界點時，大腦就開始受損了。失智症就是這樣來的，它其實是一種身心症。

所以，什麼人容易得到失智症呢？用一句很簡單的話說：愈會逃避的人，將來愈容易得到失智症。

相反地，遇到「心情的塞住」，愈是有透過「清楚」去打通的人，老的時候就愈不會失智；因為他的腦神經系統會一直被活化、被年輕化，他會活得比一般同齡的人更年輕（眼睛會炯炯有神）。我們曾說「清楚就是療癒」，遇到問題能夠去清楚，打開心結，腦子真的就不會打結。

練習冥想有助於預防失智症嗎？有的。因為透過冥想，能幫助你擁有平靜的心，去弄清楚自己原先會打結、弄不通的地方；但如果冥想之後沒有透過一個學習智慧的過程，去解開實際生活的困擾，單單企圖以冥想（練功）來抑制情緒（有人竟稱這為「療癒」），這反而會讓你的身心打結、錯亂得更快。輕則別人看你，都覺得你怪怪的；重則真的會發神經——而這也是另類的失智症。

社會上流傳著有一些老人家會被「魔神仔」帶走，其實那就是一種失智症所產生的幻覺行為。你可以去觀察，這些老人家，他們大多都是活得比較渾渾噩噩的類型，也就是，遇到問題，不太願意去思考、變通，總是得過且過。

壓抑、無力感、不快樂，造成身心症

有人問：可是有一些人很聰明、很有才華、在社會上也很有成就（甚至是名人），感覺上絕不是渾渾噩噩度日的類型，後來為什麼也得到了失智症呢？

「聰明」和本文說的「清楚」是不一樣的。這些看起來聰明，卻得到失智症的人，他們生命中都有一塊一直被他們自己壓抑住的部分，在那個部分，他們其實是很無力感、卡得很厲害的；但正因為他們比較聰明，也更有意志力與能力，所以他們反而運用這些能力，欺騙自己的頭腦去轉移注意、遺忘與合理化，而不是去將那個卡住的部分，透過「清楚」去打通。也就是說，他們的能力讓他們反而逃避得比一般人更凶。

不過，年輕時很有才華作為，年老時卻會得到失智症的高危險群，有一個特徵就是：通常在還沒有年老時，早就有其他身心症等問題了！只是他們很會忍、很能掩飾，不會讓周遭不太相熟的人們知道，所以一旦老了以後演化成失智症，大家就會覺得很突然、很訝異。

另外一種類型可能也會讓大家訝異。有的人特別會悲天憫人，甚至跑去非洲當志工……等，這麼有愛心，為什麼也會得失智症呢？其實，如果是因為心底藏著對世界很深的無力感，或對自己抱著很高的道德清白感，或是想逃避很嚴重的感情空缺，所以跑去投入在這些事情上，那也是將來得到失智症的高危險群。

不少人以為，只要是很致力於做公益的人，都是因為愛心過人，其實是不一定的。那怎麼分辨呢？也許外人真的不容易分辨，然而在他做著愛心工作的表面下，他自己知道：有一個並不快樂的自己，他其實活得並不快樂。

就像以前我們曾說過，很多遷居到台東山上的人，都說他們喜歡大自然，可是真的是因為喜歡而住在那裡的人，就會真的很快樂。但若是帶著內心的淤傷，為了避開人群、避開傷心的過往而來到山上的，只要跟他們相處久一點，你也能感覺得到他們內心有個傷疤、有個不快樂，是外人不能碰的；而那個悲傷就像一隻謎般的生靈，晝伏夜出，但你若要問牠的來歷，彷彿付之闕如，連本人都不知其來由了。

「逃避」其實就是一種無奈，被這種無奈所推動的人生，會讓這個人的潛意識，覺得活著是一件沒有多大意義的事，慢慢地，那種「不想活了」的病菌就會在心靈裡增生，說白了，就是覺得活著就好像是在等死罷了（但當事人不見得意識到）！那麼慢慢地，身體的病症就會反映出這樣的心境。只是失智症這種「等死」的方式，實在是讓自己、讓家人都相當痛苦的刑罰啊，就好像從地獄的第一層開始，一層、一層的往下淪陷，身不由己了。

豁達面對壓力來源，清楚就是療癒

總而言之，失智症其實也是身心症的一種，它是心理的壓力，慢慢演變成生理上缺損的一種現象；愈持續隱藏著壓力、無法解套的人，就愈容易得到各式各樣的身心症，那麼年老以後，得到失智症的機率是比一般人高的。

該怎麼辦呢？答案只有兩個字：豁達。但「豁達」並不是你說服自己要這樣，就能做得到，也不是你選擇到青山綠水之間，那個心結就會自動消散的；「豁達」是你讓自己的生命愈來愈開悟，所綻放出的風采。所以想要真正地「豁達」，只有你願意去面對自己的壓力來源，在那個地方真正有了清楚、有了解套之後，你的人生更上一層樓了，那種豁然開朗的海闊天空，才能夠自然地到來。這便是在《回家》那本書中，曾經說過的重要概念：「清楚就是療癒。」

包括失智症在內的各種身心症，其實都不可怕，只要你遵循這個概念去面對自己的生活，無論在哪裡跌倒，都願意在那裡腳踏實地學習智慧，從「無明」走向「清楚」，而不是覺得很糗、趕緊爬起來硬撐往前，那你的身心不但不會堆積滄桑與折損，更能夠持盈保泰。這就是最有效果、也最值得讓你身邊所愛的人，去知道與實踐的預防醫學了！

☆原來這就是完美主義！
——透視憂鬱症的高危險特質

有的人會有戲劇化的特質，恐懼來時會把它放得很大，然後自己就陷入很大的壓力；但是去參加心靈課程時，又會把療癒感誇張，好像很有療效，可是這也是一時的。等到一段時間過了，那個療癒感就消失了，自己又覺得空虛了，那份恐懼又會漸漸襲來……如果你的狀況有如上述，那麼你很可能具有完美主義的性格。

活在想像的美好裡，是給自己築一道牆

先解釋為什麼那種療癒感會消失。因為那份「療癒感」並非來自於自己真正的清楚，而是暫時透過外在所設計的情境，讓你切換到另一個頻道，去感受到另一種信念的美好。

「清楚」則是指，你對事情沒有因為自我封閉而來的「想望」（也就是貪嗔癡中的「痴」），看事情能夠客觀、多面。例如有的人會想像，做某一份工作以後，這份工作能帶給自己怎樣的收入、怎樣的環境，可是通常真的踏入這個行業之後，才會體認到，原來

各行各業都有他不為人知的苦，不是以前自己羨慕的那樣。

有的人是因為自己過度的想像和浪漫，包裝成為自己努力的動力，才積極想去做某些事的（不是因為單純的愛），但也因為如此，就常常看不到現實。所謂的「完美性格」就是：他是活在他所想像的美好裡面，但是卻跟周遭格格不入，發生很大的落差。

其實有完美主義性格的人，他的命底常常不是開朗型的人。而個性開朗、外向型的人，很容易、也樂意去跟別人交流，他的特質就是「很多事沒有看那麼重」，這點雖然會讓他比較不會思考得那麼深，可是另一方面，他就比較願意去聽聽看不同的人怎麼說，比較容易聽進去人家說的東西。等到他把各種訊息綜合整理出來的時候，他就很快能夠轉變自己的身段、角度，會出現一般人想像不到的調整；再加上在這個過程中，他比較能夠五湖四海地跟別人建立互通的資源，所以他的「升官之路」就會比較快。有很多外向、陽光型的人，做業務都會比較成功，這並不是「外型」的關係而已，其實是因為個性不會把任何事看得太重，使得他們向四面八方學習的能力比較強。

相對的，比較內向或「悶騷」的人，他的內向就會使得他的接觸面比較狹窄，給自己築一道牆去屏蔽掉很多跟自己不同的聲音。比如他的心裡常會想：「這個人跟我是不同世界，那就懶得跟他來往了。」「那種樣子的人就不用跟他多說了。」因為自己已經有一個自我設限，他就聽不到許多其他角度的聲音了，然而這些沒有聽到的角度，往往正好是他需要的，因為缺乏這些，他就會一直在原地撞牆，無法達成心中的想望。

而人都有「想要去創造、發揮些什麼」的能量，開朗的人因為比較有管道出頭，他就容易把這份能量用來創造；可是內向或悶騷的人，如果沒有辦法發揮才華，這份能量找不到出口，就會變形成喜歡挑剔、挑毛病的一股內在的驅迫力。

生性悶騷，又演變成喜歡挑毛病的話，這兩個條件加起來，就是罹患憂鬱症的高危險群！有非常大比例的憂鬱症患者，都是如此得到憂鬱症的。

那麼該怎麼辦才好呢？當然，性格不是一下子能改變的，一個人不太可能一下子就從內向變成開朗。但首先要好好去思考：你心裡面的那張理想的畫面，真的是真實世界裡面，可以那麼純粹地存在的嗎？還是只是你用來逃避的一個「洞穴」呢？

躲在烏托邦裡，絕對會碰到功課

開朗的人常常去跟身旁的人事物互動、交流，他生命的「弦」是跟周遭一切比較共振的，其實這是比較貼近「合一」的（當然這只是一個小的「合一」）；可是一個陰鬱的人，他沒有辦法去跟別人交流，卻又看得到別人的缺點，對照到自己內心想像的完美，他就產生很大的衝突和抗拒，所以他是只想不麻煩地，跟自己想像的美好「合一」的喔！

這種狀況就彷彿一個人一直在想像自己活在月球，而他真實的雙腳還是踏在地球上，一直在跟著地球轉的，可是地球又有好多事情讓他覺得好煩，於是他又更會去逃到他想像出來的「合一」裡面。有些宗教信仰，就在這時虛擬出了這個想像的「合一」，讓他逃進去（這裡不指涉任何特定宗派，而是在談基本的原理，請勿對號入座喔）。

開朗的人他一直在跟實際的世界交流、學習、調整他自己，他確實會更順遂、更圓融，無論智慧或財富都會更豐盛，他的能量就會一直往上擴展；可是一直只想跟自己的想像（理想）合一的人，他就會愈來愈封閉，本來還願意跟他講話的人，後來也會覺得他難搞，就逐漸疏遠他了，憂鬱症或躁鬱症的人，很多都有這種情形。

他們都有他們想像的完美（應該）或美好，可是這裡面就是少了一樣東西，叫做「體諒」，或是叫做「慈悲」。

何謂「體諒」或「慈悲」？就是當你看到你覺得層次不如你的人，你不會去關閉你和他之間的連結。其實，任何人都是你的「老師」，也就是都可以帶給你啟發的，只是你還沒有看到，但是你就已經下了定論了。

坐辦公桌的人，如果能夠跟工人交流，他就會知道，自己能舒適地坐在漂亮的辦公室裡，是因為有多少人在髒污中工作，點點滴滴的努力，才能將髒污化為現在的美麗。當他能夠意識到這個，他跟工人就會有一種一體感，他就會知道什麼工作都很重要；甚至他能夠在感謝中領悟到，所有的美麗都是來自於髒污，兩者本來就是合一——這個人生的大哲理。

有一些心靈圈的人，除非他們跌得很慘，否則就是會一直躲在他們的烏托邦裡面，當他們用同一個烏托邦去連結在一起，相濡以沫時，就好像給了自己更安心的寄託了。他們在網路上會用同樣的語彙交流，彼此相知相惜，但是只要碰到有人提出跟這個烏托邦不合的東西，他們要不是立刻加以批判，就是閉起眼睛不聽不看不理。

然而，躲在烏托邦裡的人絕對會碰到他的功課。為什麼呢？因為在地球上，不是只有白天喔，也有黑夜。當黑夜來臨時，他就會很苦，別人在黑夜裡就去休息，可以休息得很安穩，可是他就沒有辦法休息。白天已經在應付一堆事情，要耗損能量，現在連黑夜也無法休息，於是就變成蠟燭兩頭燒，燒到最後，自己就愈來愈感覺到內在有一個快要發瘋的部分，不知道哪天就要控制不住自己了。

讓現狀有一點點改變，正是「回頭是岸」

以上就是在講憂鬱症的始末，而這一切的原點就是「你心中有一個美好，可是當你在人生中被嚇到時，你就愈想愈害怕，同時也就會把那個美好愈想愈美好，然後你就躲到『美好』裡面去了」。

其實你必須像佛陀一樣，真實地將雙腳踏在塵土中，去跟眾生交流，你才能真正在眾生的身上，看見「佛國世界」的願景；如果不是這樣，你就剛好在走相反的路，反而是掉入地獄中去了，你執著的「完美」反而導致你走上一個變成鬼的歷程（例如所謂的「正義魔人」）。

我們必須經常去跟別人交流、願意去了解別人的處境和思想，由於我們不採取封閉的措施，就會透過這些接觸去反省自己、去調整和奉獻，那麼我們就會成長。當你一直採取切割、批判、隔離或關閉時，你就危險了。

你心中的美好，可以變成你自己努力的動力，卻不能變成你對現實的批判和拒絕，你要在現實中找到途徑去改善你的實相，讓它變得更好。

真正有能力的人是：生活在廢墟時，他會找出一個花瓶，插上一朵鮮花，告訴自己就從這裡開始幹起！

「願意改變現狀一點點」這就脫離完美主義了，這就是完美主義者一直討厭去做的事。可是當你願意去「讓現狀有一點點改變」，這個正是最珍貴的「回頭是岸」，這樣就對了。

例如你是一個重度的憂鬱症患者，有件小事可以讓你改善一點點：你願意接受這個目標，願意說「好，我不嫌它小，我來做做看」，這就是回頭是岸了。透過這些「做對的小事」的累積，就像高鐵開始慢慢加速，雖也要從零開始漸漸啟動，但到後來卻是可以突飛猛進的，而你在這個腳踏實地的過程裡面，你就會開悟到真正的「神」。

☆如何不被別人的情緒牽動？

——兼談憂鬱症的療癒

大部分的人如果忽然被罵，第一個反應常會是情緒的反彈（無論有沒有表露出來）；不過有極少數的人第一時間的反應卻是：「為什麼他會這樣呢？」

遇到別人突然而來的酸言或白眼，立刻髒話罵回去，還是心裡立刻開啟一個「覺」問：「為什麼他要這樣做？」同樣是一念，人生卻會大不相同：前者就是芸芸眾生，後者卻會大有成就（無論修行或事業）。

當別人以情緒攻擊自己的時候，一般人容易立刻進入一種與對方對立的狀態，雖然自己也知道那樣去處理事情常常效果不佳，但是情緒就是不由自主地升起來了，總覺得忍不住；甚至於有些人還認為，應該立刻回擊給對方一個教訓，才不會吃虧！然而，我們卻也常常聽到一些有關於「四兩撥千斤」、「寵辱不驚」、甚至「化干戈為玉帛」的高EQ的人物故事，看了這些故事以後，不禁令人由衷地佩服他們的智慧和風度；同時更感覺到，這種不被別人情緒牽動的特質，其實是一種更棒的能力，如果真的可以擁有這樣的特質，其實對自己人生開展一定會是更好的。

所以，這樣的特質可以怎麼培養出來呢？這就是今天要與你分享的智慧。

真正的「交流」，你就會擁有靈性（心）的直覺力

首先，關鍵的原理在於：愈不被情緒牽動的人，其實是因為他平常都是有在跟別人「交流」的。

當然，這個「交流」，跟你想的不一樣。

表面上，現代人跟別人的接觸很頻繁，但頻繁的接觸並不代表有在進行這裡所說的「交流」。最極端的例子就是電視上的政論性節目，節目中請了很多不同立場的來賓，他們一直在「談話」，但是他們有「交流」嗎？其實是沒有的，因為他們都只是上去講自己的立場想要講的話，他們是要去戰勝對方、證明自己是對的，而不是要去交流。

同樣的，我們每天的生活中，表面上會跟很多人談話，可是對話的內容，大部分要不是表面的社交辭令，就是固守在自己的「期待」與「利害關係」裡面去做的交談，其實彼此的「交流度」是很低的。不然的話，同在一個家庭裡面的父母子女，說的話難道還不夠多嗎？可是為什麼就連是同一家人，大家還是常說自己不被父母了解？夫妻也常各自覺得另一半不了解自己的內心世界？

問題出在哪裡呢？就是：我們雖然有在交談，但是卻沒有在交流。「交流」真正的意義，其實就如同這兩個字的字面所顯示的：「對方的狀況」有「流」入我的心中，讓我對於「對方的小宇宙」有更多的了解——這才是交流。但是現在的人所謂的「交流」，其實著重的是「交流後的目的」，是為了要達成自己想要達成的目的而去「交流」的，所以「交流」就變成是一種手段，於是並沒有在真正的交流。比如說父母跟孩子交流，其實是為了讓孩子聽話；長官在「輔導」有問題的下屬，其實是為了業績；跟朋友講話，其實是為了得到認同……

當交流變成是一種手段的時候，其實你已經關起了心門，不再交流了，你的說話全是為了「控制事情的發展」，而不是真的關心眼前的人而去「交流」。那麼，這樣做，你的損失是什麼？

最大的損失就是你會失去「心電感應」的能力，本來這是靈魂的本能，如果你常常跟別人做真正的「交流」，你就會擁有來自於靈性（心）的這種直覺力；可是當你跟別人的「交流度」愈低，你心電感應的天線就會愈鈍，這會使得你常常流於表面的應答和交代，失去「體察能力」卻不自知（就像有些服務人員呆板地遵守著公司的SOP）。你會失去真正洞悉別人在此時此刻的需求，以及看見他們的內心小劇場的敏銳度（這也包括知道他們此刻是怎麼看你的），那麼你所做的事情，到一個程度就會「操盤失靈」。

很多政黨或政治人物就是這樣由盛而衰的，他們從民間起家的時候，一開始都很能夠感知到真正的民意，可是爬上了高位以後，為何總是會愈來愈和真正的民意脫節，行為發言愈來愈荒腔走板呢？就是因為他們拿到權力以後，大部分的心思都放在「控制」上：我想要塑造什麼形象？我想要拿到什麼利益？他們跟別人的「交換」愈來愈多，「交流」卻愈來愈少，所以他們的敏感度就下降了。而他們所依靠的決策中心，變成是用頭腦去計算出來的，自以為是的聰明；因此他們後來的發展就會一直在重複「跌破自己眼鏡」的感覺，例如被政敵暗算了、被民眾用選票唾棄了……因為他們的「天線」早就不靈了。

反省你心中的認知與真相的差異為何，就是「交流」

有「心電感應」的能力，才會讓你跨越過表面的言行，去覺察到更深的真相；它也像一台X光機，你拿去照什麼，什麼就會顯現出骨子裡的真實，讓你不被自己的觀念所蒙蔽。所以它能為你的人際關係帶來多麼巨大的益處，可以想見。但這世界上的幾十億人口中，事實上只有極少數的人真正能夠恢復這種能力，為什麼呢？因為絕大多數人們都在為了自己的各種目的，利用語言想去影響別人，而不是真的在「交流」。

真正的「交流」，是一種清空了自己的立場與目的，專注於進行「了解對方」的活動。所以「交流」不需要是雙向的，當你拿掉你的目的，你就知道「交流」是可以單方面進行的；

這個世界上的確有少數的人，不管人家有沒有在跟他交流，他都可以在自己的內在，對人、對社會、對時代一直進行不間斷的「交流」。

每一個人對於各種人或事，包括對社會與時代，本來都會有自己的認為和觀點，這很正常，但是這些少數人，會一直跟當下碰到的人事物進行「交流」——也就是他的內在會有一種活動，這個活動是讓「從各種角度而來的覺察所蒐集到的訊息，一直去修正他內在的認知」——他的內在一直在進行著這種品質的「與外界交流的活動」。

而內在一直能跟外在做這樣交流的人，就會恢復靈魂「心電感應」的本能（或有人形容為打開天線），他彷彿是一台功能特別強大的電腦，能夠在遇到某個當下狀況時，瞬間去了解一件事或一個人。

接下來這段話是給有佛學素養的人看的：能讓自己保持著這樣的「空間」，讓這個真正的「交流」能在內心裡進行，這就是「正念」真正的意思，也是真正在修行「正定」（禪宗六祖慧能說的「活的禪定」、《金剛經》的「應無所住而生其心」）；從這個「正念」和「正定」，才能夠產生「真正的智慧」。所以「止息念頭的靜坐」還不能算是「正定」，那只是「去休息一下」；如果在靜坐裡面期待特殊體驗，那更是邪定。所以「正念」，並不是去提起某種道德信念下的念頭，「正念」是指你能夠保持在「反省」的狀態，反省什麼？不是反省對或錯，而是反省你心中的認知與真相的差異為何（這就是「交流」）。

解釋了何謂「交流」之後，就可以拉回來講：那麼為什麼「愈不會被情緒牽動的人，其實是因為他平常愈跟別人『有在交流』」呢？因為當一個人在心裡面常常在跟當下遇見的人事物「交流」，他的腦模式就會變成一種容易「放下身段」的狀態，容許人格去開啟自己內在「覺察」的那個APP，所以他的「心電感應」的能力就會因為「覺」的開啟，而常常被激活。「心電感應」的激活，就能夠讓他更容易獲得洞見，去理解當下發生了什麼，於是情緒自然而然就降低了（因為情緒就是從自己的不理解，進而抗拒接受當下的發生而來的）。如此就形成了一個正向循環：你愈容易在當下獲致了解，你的情緒就愈少；你的情緒愈少，你的「覺」又開啟得更快更順暢，於是心電感應能力又愈強大。

「感謝＋反省＝奉獻」，讓真正的「交流」自然而然

所以愈不會被情緒牽動的人，就是「了解能力」愈強的人，而這個「了解能力」不只是大家所以為的理性、經驗的部分，其實還有來自靈魂的心電感應能力，所給他的大力幫助。

例如有個人明明是從你背後撞過來，卻瞪了你一眼、還罵了一句很難聽的髒話，一般人幾乎都會立刻發火想罵回去；可是平常有在「交流」的人，他們的反應卻會是在這個當下，升起一個「覺」，那個「覺」比較像是一個好奇：「咦？他為什麼會這樣？」這就好像一個當下的公案，他是完全中性的在「看著它」，忽然，他從撞他的人剛剛的面相、穿著以

及無數訊息裡面，他就會「看見」那個人所處在的情境（那個人的個人小宇宙），他就會明白過來：原來如此啊！

這個了解不僅讓他不會有負面情緒，甚至還會有慈悲了（說不定還反省到自己以後怎樣做可以更好）。

所以要如何不被別人的情緒牽動？或至少成為一個比較不那麼被牽動的人呢？等碰到事情再告訴自己「我不要受牽動」，那已經來不及了，那叫做壓抑情緒，不是不受牽動。你如果從現在起，常常去跟別人「交流」——是真正的「交流」——那麼你會發現：你的腦模式會被調整成，遇到意外的事情時，升起的是「好奇」（一個「覺察」），而不是情緒。

再次地提醒，所謂的「交流」，是在你心裡面的交流，不是要對方配合的。而這說似簡單，其實對很多人而言都不容易；因為大家已經太習慣於帶著自己的目的（期待）去跟別人互動了，如果沒有自己的利益在裡面運作，很多人根本對別人是不會有興趣的，更不想傾注心力去了解別人。事實上，人們只關心自己，這就是真相（是地獄的真相）。

那有人說：「好的，為了要發展『心電感應』的能力，我要開始清空自己，練習透過『覺』去了解別人。」但是懷著這樣的動機去做，你就會失敗。

這就是弔詭的地方，也就是之前的文章裡高靈曾經說過的「DNA的反轉法則」：你愈想要的東西，你就會愈要不到。為什麼呢？因為雖然你的頭腦告訴自己說，你要清空自己去跟別人交流，但是你的真正動機是在「為自己的」，這個潛在的企圖，才是你真正的能量形態，而這個能量形態就是封閉的（無法在「大合一」裡面運作的）。

所以，怎樣能讓你自己自然而然地，開始去跟人「交流」？答案就是：在生活中去運轉「感謝＋反省＝奉獻」這個程式（註）。因為唯有這樣做，能夠讓你忘了頭腦的機心，回到實實在在的愛，去跟別人的世界有真正的交流。

透過「感謝＋反省＝奉獻」所形成的心境，你會自然而然地走出「自我」的自私或固執，帶著愛的意願去「洞察」很多事情；而當你有在「洞察」，表面上即使你沒有跟那個人講話，可是在你的潛意識裡，你的能量是在跟他交流的（而不是封閉的），你的能量是有在流動的。那麼當那個人對某些事情講某些話時，別人也許會大驚小怪，可是你就會很能夠理解為什麼他會那樣，因為你早已洞察到，他身上就是帶有這樣的能量形態的。這就是你的內在有一個「清楚」在裡面，所以你不會跟著別人的情緒起舞。就好像，如果有一個披頭散髮、衣衫襤褸的人在街頭上指著你大罵，你有可能站在那裡跟他對罵嗎？不會的，因為你心裡有一個清楚：他是一個瘋子，他活在他瘋狂的世界裡。所以，你根本不會去理他，當然你的情緒就不會被對方牽動。

所以當你經常在實踐「感謝＋反省＝奉獻」，你與人相處時，就會建立起一種「一直有在看、有在體察」的腦模式，這允許你在潛意識的層面，一直在與周遭進行真正的「交流」。

所以當碰到別人有令你意外的反應出現時，你第一時間的反應會是開啟你的「體察天線」，也就是你反而會變得更有覺知，而不是變得更有情緒。例如當別人罵你的時候，你就不會馬上動怒，而是一個「為什麼他會這麼做？」的問號，會立刻出現。這個問號就是一個「覺醒」的「覺」跑出來了，而不是一個情緒跑出來了。

此外，一旦你透過「感謝＋反省＝奉獻」的實踐，在內心開啟了跟別人真正的「交流」，你不但會變得不容易有情緒，還會有更多感謝。感謝什麼呢？因為你可以確切地看到你自己的成長。你會知道，幾年前的你對於同樣的事情，你根本不會想到還可以有這樣的方式去處理的，也沒有能力可以看到這些角度；可是現在你有能力看到了，於是不但不會再像以前那樣困在情緒裡面過不去，甚至還可以知道該怎麼去處理。結果事情的走向這次真的就不一樣了，別人給你的回應也真的變好了，這就是成長的喜悅！你會對自己、對這個成長過程裡面幫助過你的一切人事物，更加感到感激。在這樣的心境下，你去對別人做的事、講的話，又會更接近「慈悲」了。

「愛」不是一種「觀念」，是心的能量有在流動時的狀態

很多心靈圈或宗教圈的修行人，也會說要用愛去解決事情，不要用情緒，但是因為自己的能量事實上是沒有在流動的，所以包裝出來的「愛」其實是壓抑，而變成了更深的情緒，

這些情緒就會像是一座地下火山一樣，形成了但沒有出口，累積到有一天就會爆裂，爆裂成癌症或是精神問題。因為「愛」不是一種「觀念」，你說要有就會有的，很多人遇到事情過不去，就聽人家的話似懂非懂地叫自己：「要放下啊！」「要看開啊！」「人生無常不用計較太多啊！」這就是用頭腦在壓抑情緒，其實你的問題只是被你擱置了不去處理，並不是你真的在裡面呼吸到了新鮮空氣。

可是這一塊擱置的議題在你的心裡面就會一直有重量，而且還會長出勾子，它會把很多相關的心情與事件一直勾進來、纏進去，開始增生、長大……那麼表面上，那些不如意的事情你都「讓它過去了」，你也照常生活、吃飯、跟人家一樣拍美食照上傳，可是你就會莫名其妙地不快樂，想法也很容易愈來愈鑽牛角尖；在行為上就會變成，想要去做什麼、卻又常常踩煞車，在那裡一直想提起，可是又覺得放下比較輕鬆——就是一直在「不甘心」和「不想有壓力」之間拉扯。於是就會開始尋找一些網路上的心靈文章，拿一些似懂非懂的道理來緩解自己每一次的內在衝突了。

以上這些，其實就是憂鬱症的原型。

愈是自己心裡面壓抑著憂鬱的人，就愈會走入心靈探索與宗教的領域，想為自己找到出口。可是很多人也在這裡走了岔路，因為在靈修的領域裡面充滿了壓抑的人，他們講的愛或很多的道理，都是在用「想法觀念」，試圖把自己轉移到另一種會讓自己比較舒服的情境，而這些想法觀念就包括了「愛」、「智慧」或「慈悲」這些主張。

可是「愛」、「慈悲」與「智慧」，完全不是「觀念」的東西，它們不是一種「態度」，它們是你的心的能量有在流動，才會讓你自然而然「是如此」的一種「being」的狀態。

因此怎樣才會真的有「愛」呢？必須是：你遇到事情的時候，不會被情緒困住，而能夠持續與外在的人事物「交流」，因為有這種像活水般的能量流動，你才會處於所謂的「有愛的狀態」。而這個愛是會產生智慧，讓你能夠創造雙贏，而不會讓你壓抑或自我犧牲的。

所以為什麼我們一直強調「感謝＋反省＝奉獻」這個程式的重要，因為當你在生活中「平均的」去實踐它，（而不是遇到瓶頸才刻意去做，其實那也是蠻功利的不是嗎？）你一定會在生活中「看見」一些以前你看不到的視野——雖然那也是在你的現階段，自己可以接受的範圍內的「看見」——可是這些視野就不是頭腦的觀念，而是你的真知。那麼，你會發現，這個真知會讓你自然地脫離「非愛」的情緒束縛。

當然，如果你的能量受阻得很厲害，或是你真的希望在有限的時間裡，想要有比較大跨度的生命蛻變的話，來上課，或者是來請示高靈，都是加速打開你「心的交流能力」非常事半功倍的方法。

人生要開展順利，就從整理人生開始

古時候的人即便天資聰穎，都要千山萬水地去找尋好的老師，傾心學習，更何況如果你的狀況已經很混亂，自己一直在同樣的地方打轉撞牆到心力交瘁了，那麼要靠你自己獨立去運轉「感謝＋反省＝奉獻」，容不容易其實你自己會知道的。而你來上課，老師會做的事，就是以善巧方便，先提供你很多你沒想過的角度，加速你解套僵局，讓你恢復更多喜悅的能量，心有餘裕，接下來你才能夠開啟真實的感謝。而它的效益不只是「縮短受苦的時間」而已，同時就是為你留出更多「創造的時間」，你便可以把寶貴的時間拿去創造你想要給你自己的自由，而不是拿去繼續創造你的人生地獄，這其中的差別就是有這麼大的。

而高靈給人的指引也像這樣，但比這個更上一層樓。高靈給人的是一幅有關你的生命藍圖，更完整、更巨觀的畫面。如果把你的各種努力比喻為一場人生的拼圖遊戲的話，當你不知道到底這個遊戲最終要完成的畫面是什麼，你會發現它的困難度就非常高，因為你完全不知道到底哪一塊拼圖是屬於哪一個區域。然而，試想：即使你對那個最終的畫面只有驚鴻一瞥，但只要你留下了印象，你拼圖的速度與之前相比，就不可同日而語了。

比如那個最終畫面是一艘揚帆的船，那麼當你拿到一片天藍色的拼圖塊，你就知道，它要不是大海就是天空；然後當你拿到木頭色的拼圖塊，你會知道那很可能是船身……就像這樣子，你就會把這些拼圖先放在可能的區域去；於是進行了一陣子以後，你會發現有一些區域的畫面浮現得更清晰，顯現出了它在整個畫面中的意義，那麼你的拼圖遊戲就會愈來愈快了。

同樣的，當高靈的訊息讓你對於你自己這一生，要去完成的大方向有所認識，你的許多際遇就有了意義，那麼你的學習就會變得更有意思，因為你在很多事件的學習裡面，會一直去意會到它和那個最終的畫面的關係，你就會愈來愈有方向感。有的人甚至於到後來，已經可以預言自己接下來可能會步入什麼樣的階段、會遇到哪類事情應該要預先學習了；就別人的眼光看來，會覺得你一直在做對選擇、心想事成。因此有這樣的方向感，當然是會讓你人生的進展更加事半功倍的。

所以高靈曾經說：「修行就某種角度而言，就是近朱者赤。」雖然任何高靈或成熟的老師，都不會去介入你的因果，但是帶給你「你的生命該去擴展的視野是什麼」卻是可以的，這樣你自己就有能力去完成你此生最美好的藍圖了。所以所謂的憂鬱症或躁鬱症等等，其實就只是你的人生的拼圖塊拼亂了，不知道該怎麼樣的拼下去而已。

像有一些人，即使他很有錢、有權、有了一番局面，別人在追求的東西他都有了，可是他的生活卻是一片混亂，甚至還是得到了憂鬱症。為什麼呢？用「拼圖」的概念來講就是：他什麼拼圖都有了，可是卻拼得亂七八糟、充滿錯誤和衝突，不但沒有拼出這個畫面原本應該呈出現的東西，還拼出很多奇奇怪怪不該有的扭曲景象，讓自己對這個畫面的理解錯得非常離譜。也許是他喜歡某兩個顏色的拼圖塊，他就把它們都放在一起，可是那卻正是造成整張圖怎麼都拼不起來的原因。那麼，這樣的人生需要的是什麼呢？根本不是拼圖塊不夠，而是要去知道那個真正的畫面，然後對眼前的拼圖進行重新的整理。

所以有的人來找老師請示高靈的訊息時，他會發現，怎麼生活裡面那些不順利的事情，被高靈的訊息講了以後，就兜起來了，他就看到自己人生原來有好多東西是因為沒有將它放對位置，才會看不到它們其實是什麼禮物？或是誤以為它們是什麼東西。可是經過高靈的指引，幫你的「命底」整理起來以後，你就會對於自己的人生應該怎麼去走，有了正確的認識了，例如哪些該用力、哪些不該用力、自己的優點、缺點為何……等。當你自己有所清楚之後，你就會朝著這個清楚去做調整，那麼，原先在人生中被卡住而衝突不斷的部分，就會一個個魔術般地變成了生命的禮物。

因此憂鬱症或躁鬱症等這些心理症狀，其實是因為有一個「衝突不斷」的生態系統所造成的現象，它不是你去叫人家「想開一點」、「對自己好一點」就會好的，而是需要經過整理，把「系統衝突」解除，才會真的不藥而癒。這便是高靈常說的道理：「清楚等於療癒。」可以這麼說：人生要開展順利，就要從整理人生開始。而「整理人生」，你可以自己做，也可以找老師、高靈來幫你。

「清楚」等於「療癒」

最後我們做一個歸納：要擺脫情緒的牽制，不是去壓抑自己，而是要讓你在碰到問題時的反應模式，能夠變成是一種能觀照與思考的反應。這個模式是靠你自己的內在能量隨時在流動，而去逐漸改換過來的。所謂的「流動」，就是你的心是有能力真正的跟別人「交流」，而這個交流的狀態，是透過「感謝＋反省＝奉獻」去產生，才會有那個真實的「being」。

最後這些話是對已經來上課的同學們說的：各位要知道，上課之所以有效，原理也是因為那個「交流」會出現的關係。大部分人所認定的「對」、「錯」，也都是在他那個階段的閱歷（「相對位置」）的角度與看法去認定的；可是透過上課，當你聽到的角度與別人的經驗愈多，你能脫離自己原先的層次，跳到更高一階去看的能力就會愈強，這也是很多原先患有憂鬱症的學生，為什麼透過上課的方式慢慢薰陶，到後來他的憂鬱症就會不見了的原因。

當他願意敞開心扉，讓自己原先的觀念，能夠跟上課時老師所講的一切東西進行「交流」——用能量來形容，也就是他願意讓內心的新舊能量去產生化學反應的時候，原先他內在打結不通的地方，就會逐漸一個一個的鬆開了；然後當這些打結不通的地方逐漸通暢，他就能夠感受到來自他自己的「心」的能量了，而這個「心的能量」，就是高靈說的「清楚＝療癒」。

有這樣體驗的人還會很驚訝的發現：「很神奇，我的一個清楚，會同時引發好幾個清楚，就好像『連連看』遊戲那樣連在一起，變成一個更大的清楚了！」這是因為「清楚」是會「舉一反三」的，「覺醒」本來就具有非線性的特質，也就是我們以前說過的：「成長是一條向上的拋物線。」但是當你的位置還在拋物線的底部階段時，它看起來就像一條幾乎水平的直線，你會覺得進展似乎緩慢。來上課的人如果是在這個階段，你就會感覺，聽到高靈講的東西，雖然確實已經幫助你在一個常常會卡住的點上，變得更輕鬆，可是也就是釋放了一個點，還沒有那麼快速的連成一條線，好像還有很多問題依舊困住自己似的。這是因為在這個階段，你的「我懂了」還是在一個比較表淺的層次的緣故。

其實高靈所說的東西，都有更細緻、更深層的意義，只是你現在還看不出來。但是當這些點狀的「我懂了」漸漸多起來的時候，有一天，你就會意識到一個更大的「悟」——那就會是一個對自己和對世界很大的「看見」。到這一點發生的時候，你就會感覺自己很明顯跳上了一個階，已經是不一樣的自己了。

最後，無論你是採用什麼樣的方式去學習，請務必記住那個「DNA的反轉法則」：你愈想要的，就會愈要不到。所以無論上課或人生，都要當作是一種浸泡、欣賞，放下功利的想法，回到心去感謝課程或生活給你的一切；你愈不挑挑揀揀，你就會愈知道高靈與你的際遇，早就在為你預備著在覺悟的道路上，你所需要的一切。

（註）「感謝＋反省＝奉獻」是開啟五次元世界的鑰匙，其內涵與運作的方法，請參閱《奉獻》一書，商周出版。

☆躁鬱症也能通靈，為什麼卻愈過愈糟？

你聽過躁鬱症的人，宣稱他們可以收到訊息嗎？例如他們在躁期會有不可思議的眼通、心電感應，甚至收到來自外星人、靈界的訊息？

其實很多都是真的。

躁鬱症有很多型（註），其中有一種我稱之為A型躁鬱症。A型躁鬱症的人在躁期，是可以收到許多訊息，瞬間擁有許多知曉能力的；例如身邊來了不認識的人，他居然能夠知道這個人家裡有什麼狀況，知道一些他不可能知道的事情等等。這種「躁」，其實是高速運轉的意識狀態，這時確實能夠具有超乎常人的感應能力，讓很多人甚至覺得羨慕。但為什麼躁期結束了之後，會變成「鬱」呢？

因為在高速運轉的時候，他們所進入的收訊狀態，就像演唱會進入最high點，空中強勁地噴灑起紙花，太多的亮點（即訊息）此起彼落的景況；然而他自己沒有辦法整理這些「知曉」，所以這些讓他很「high」的亮點，會就積壓在心中難以消化，漸漸使他愈來愈「玻璃心」——也就是變得愈來愈敏感，生活中稍微觸及到那些積壓在心裡的亮點時，他就感覺自己快要躁起來，所以他們常常會害怕控制不住自己。於此同時，這些大量塞進來的訊息，由於沒有辦法被消化、整理，與實際生活落差太大、無法接軌，因此在高速運轉時所感覺到的那種無所不能的強大感消失之後，便會陷入對現實生活更無力的深深沮喪，如此周而復始。

幫助A型躁鬱症的人療癒，對我而言其實是所有躁鬱症類型當中最簡單的，方法就是讓這個高速運轉出來的亮點，經過一個「淬煉」的過程，變成可以整合的「了解」，而不是片段的「知曉」。所謂「淬煉」，就是先讓這些使他很 high 的亮點再呈現出來，然後幫助他一一去整理，最後統合在一個更高的「清楚」之下。

躁鬱症A型的人，他們常常是真的有收到訊息，但最重要的是，他們能不能透過這些訊息得到自我的整理和清楚？如果不能去整理和清楚，就會陷入一種狀況：頭腦打結——就像電腦有 Bug，會開始發生系統衝突。而結打多了，就會變成「玻璃心」——就像電腦後來變成動不動就當機一樣。接著，頻頻當機就會讓他常常無法處理現實生活的事情，常常無法處理事情又會加深自己的擔憂和敏感，所以又更容易碰到一點小事就卯起來或躁起來了。這樣的惡性循環如果更加嚴重，最後會變成人家所謂的「發瘋」，走向自毀。

然而有經過「淬煉」的亮點，它就會 down 下來，下次遇到同一個情境時，你不但不會 high 起來，反而會變得更冷靜，會覺得：「ㄟ，現在我看得更懂了！」有了這個基礎，如果繼續再跟老師學習，你就不只是一直收到許多訊息了，而是你的智慧會慢慢開展出來，讓現實生活中你原本認為的絆腳石，變成你的墊腳石；如此你不但能迅速通過許多生涯的瓶頸，還會因此變得更豐盛；這樣發展下去，以後你收訊息的狀態就會變得很健康，那些訊息變成可以帶給你很好的滋養了。

躁期所收的訊息，除了預知、心電感應類，也有不少是屬於「宇宙智慧」、「神祕學」類別的訊息，常常都會讓人覺得很有啟發性、很崇高、很有創意，甚至讓聽聞的人為之傾倒；可是一旦放在實際生活裡，就會發生各種衝突矛盾、與社會現狀扞格不入、無法實現。這就像一個人在網路上下載大量應用程式，每個看似很棒，但電腦速度竟愈來愈慢一樣，因為這些應用程式或資訊，並沒有被一個更圓滿、更統合（可以連結現實）的智慧，去檢視、整理、取捨和分門別類，所以甚至會造成一個人連正常的社會功能都沒有了。

總而言之，躁期的收訊，就彷彿一個大圖書館突遇地震，所有的書被搖落下來散落一地的狀況，人在亂書堆中，貌似坐擁，卻難有助益。唯有你有能力將這些書整理的井井有序，懂得分門別類，不會把文學當科學、把科學當藝術，知道要用什麼書、它放在哪裡你可以去找到時，那麼這些書（訊息）才真的能成為支持你人生的心靈財富。

☆拿掉你腦中，停不下來的跑馬燈

——談「幽靈式身心症」

二〇一六年，土耳其伊斯坦堡附近發生了五點八級的地震，並且持續了五十天，然而一般民眾卻毫無所覺。這種奇特的地震被稱為「幽靈地震」，因為它不會產生一般地震會有的震波，即便是科學家都很容易忽略掉它的存在。「幽靈地震」是斷層產生了緩慢的滑移事件，就類似冰河以非常緩慢的速度在滑動一般。

可是當媒體說「一般民眾毫無所覺」的時候，所有人真的是毫無所覺嗎？其實不一定。也許有一些生理構造上比較敏感的人，會覺得那一陣子不知道為什麼常常頭暈、想吐，或是睡不好覺等等。因為再怎樣緩慢的地殼擦動，也會產生磁場的變化，所以還是可能會有一些人或是動物受到了影響，只是他們並不知道這些身心的反應的真正源頭。

會受到影響的人，你也可以說他這是一種「過敏」現象，可是生活中這樣的人並沒有我們想像的少。像是有些人有所謂的「暈眩症」，他去醫院做各種檢查，醫生都說他腦子沒事，什麼也查不出來；可是等他有一天換了工作，或生涯有一個轉軌之後，他發現他的暈眩症不知道為什麼就好了。所以現在的醫學已經觀察出：有些人的暈眩症其實也是「身心症」的一種，是自律神經失調的一種反應，跟生活作息、情緒壓力是有很大關連的。可是這些暈眩症的人，很多人主觀上卻不覺得自己壓力很大、不覺得自己很緊繃。

尤其是男性的憂鬱症，也有很多罹患者只留意到生理上的不適，而不認為自己有情緒低潮，甚至他還覺得自己的抗壓性很好呢！

容易被忽略的身心症

講這些的意思是：就像「地震」不一定有我們傳統上認知的「天搖地動」，「憂鬱症」也不一定有我們認知的「心情很糟」。還有很多我們以為它應該是什麼面貌的東西，它也可能以完全讓你看不出來的樣子出現。那麼反過來說：一件事你認為自己沒有受到影響，可是那個影響也可能事實上是存在的，只是用「你不會把兩者關連起來」的方式而已。

高靈說，人其實是很纖細的存在，我們其實一直在受到周邊事物的牽動，只是看你有沒有察覺。例如說，如果你的上司是會帶給你壓力的，你跟他處得不好，那每次只要他出現在同一個空間裡，甚至只是聽到他的聲音才剛傳進辦公室，你的腦壓其實已經在上升、你的手指可能已經微微在顫動了。再嚴重一點，甚至有些人只要聽到特定的某人的腳步聲，他就會開始胃痛或是發燒，可是如果是別的人的聲音，他就完全不會。這其實也可以說：

你是得了某種「有指向性的身心症」了。但是在一般人的認知，或醫學上的診斷標準中，並不會把它歸納為身心症，所以他也不認為自己有。

然而這種事情如果你不處理的話，你的身心就會在這個「反應模式」上愈來愈熟悉、愈來愈定型，慢慢地有一天你會發現：只要遇到讓你有壓力的人事物，你都會開始出現同樣的症狀了。如果這樣你還是不管它，那當你「人生的結」——自己無法不受到負面牽動的事情——隨著年紀愈來愈多，不知不覺有一天你就會發現：自己怎麼已經是長期的失眠一族了？怎麼心悸、暈眩、胸悶等等，已經是生活的常態了？這時候才會驚覺：「我得到身心症了！」大部分人其實都是走到這一步，才開始求醫，或是去求助的。

可是到那個時候要去處理，就有所謂「積重難返」的困難度，因為你身心的那個反應路徑已經很牢固，並且你人生的結也彼此互相糾纏，形成一大團毛線球，不再是輕易可以解開了。在這個惡性循環裡，除非你遇到很有智慧的老師，同時你也真的能夠信任他的帶領，你才能用較短的時間來重獲健康。否則一般來講，如同大家都看到的，醫生就只能給你開藥、換藥、加藥、減藥，聽聽你訴苦、勸勸你放鬆，可是也莫可奈何。

腦子裡停不下來的跑馬燈，是生活中「過不去」的事情

所以如果把「身心症」的定義擴大一些，反而對你自己是比較好的，因為你就更願意

在你的自律神經失調還在「幽靈」狀態（還沒有固化）的時候，就去把它處理掉，不會任其滋長。為了這個提早預防的好處，我們把這些還沒有固化、也不是傳統上定義的身心症的失調現象，稱之為「幽靈式身心症」。

最常見的「幽靈式身心症」之一，就是「腦子裡有停不下來的跑馬燈」。

很多人都有這種經驗：突然腦子裡跑出來一段旋律，不斷地重複，你覺得很不舒服想喊停，可是它就像個「無限迴圈」那樣一直霸占住你的腦海，揮之不去。其實你可以去留心觀察：當你的腦子裡會跑出一段揮之不去的旋律的時候，你的身心狀態總是比較緊繃的。也就是說：即使那是一首你很喜歡的歌曲，但是如果有「揮之不去」或「霸占在腦海中」的現象，你就知道最近你的狀態其實是有潛在的壓力在持續，就像有一場無聲的「幽靈式地震」，其實正在你的內在發生。

同樣的，有很多人睡眠開始不好，也是從睡覺的時候有「跑馬燈」現象開始的。明明是安穩地躺在床上想要入睡，腦子卻開始不由自主地想起某些事情，欲罷不能；身體其實覺得好累，可是腦子裡的那個跑馬燈，就好像一台沒有開關可以按停的播放機。那麼為什麼夜晚會有這種折騰人的「跑馬燈」現象呢？

首先你可以觀察，你的跑馬燈裡面跑的都是些什麼內容呢？其實就是那些你在生活中「過不去」的事情。這包括了你害怕擔心的、屈辱生氣的、內疚虧欠的……而人年紀愈大，這些事情通常就會愈多。所以如果這些事情沒有消化掉，你的內在就會愈來愈緊繃，一到夜晚，跑馬燈就會愈活躍、愈有內容可以跑，那麼睡眠品質也就會愈來愈不好，最後發展成自律神經失調。

一般來說，睡覺時會因為「跑馬燈」而失眠的人，不自覺地就會被任何跟「放下」、「活在當下」有關的概念所吸引。因為這些概念和意境，會讓自己感覺到暫時的放鬆，腦子裡的跑馬燈也就真的緩慢下來、甚至偶爾會不見了。此外他們也會發現透過「轉移注意力」，讓自己專注在一件簡單的事情上，也會是有幫助的。例如說畫禪繞畫、念經抄經、做手作、投入在烘焙之中……很多人都覺得在那些時候，他可以回到一種內心的安定狀態。其實那就是說，他就可以不被腦子裡的跑馬燈所撩撥，不用一直處在焦慮的波動狀態。

雖然這些方法有其幫助，是一種方便法門，也是一種智慧，不過效果都是暫時的，不是治本的，而且它們的效果也會遞減。有一些宗教或靈修團體，把這些方法加入一些儀式感，變成了所謂的「修持法門」，說成是具有療癒效果，讓人每天花大把時間一直去重複這些作為，其實那反而就變成是引導人家上癮與依賴的作法了。

那麼怎樣做才是治本呢？首先我們要知道，「腦子裡的跑馬燈」其實就是在跑「你生活中的輪迴」。「輪迴」的重點就是：裡面的人事物是重複的，邏輯和情緒也是重複的。也就是說，這些在你腦子裡跑的事情雖然看起來很瑣碎，可是你可以注意去看：跑馬燈裡面都有一些固定的人、事、物，是常常會上場演出的「班底」。例如每次小姑打電話說要回來住，晚上你的跑馬燈就會上場，而且每次只要遇到跟小姑有關的事情，無論表面上如何不同，其實底下的「邏輯」是相同的：「我很不喜歡她來，可是我又不能拒絕；我好想拒絕，可是我又會很不安；拒絕了這一次，還有下一次，總不能永遠拒絕……可是每一次接受，我都會不甘心、我都會鬱卒很久……（再回到第一句）」

好好去面對讓你產生情緒的課題

跑馬燈的內容與邏輯，就像這樣常常是循環而且重複的，所以才叫做跑馬燈。而會引起你產生跑馬燈的人事物，常常也就是那幾個，也是重複的。所以你可以看見，要消除腦子裡的跑馬燈，其實就只要好好去面對你現階段會讓你產生情緒的那幾個課題，也許是人際關係、也許是金錢、也許是工作的瓶頸，你突破了，這些跑馬燈就消失掉了（註）。

突破這些難嗎？以老師來看，都不難，為什麼？因為太陽底下無鮮事，你碰到的問題別人早就解決過了。可是既然不難，為什麼人總要讓這些跑馬燈折磨自己那麼久呢？原因其實就是這麼簡單：

因為你自己白天實際的生活，也已經變成一種「跑馬燈」模式了。

什麼是「跑馬燈模式」呢？就是你所做出的努力都只是在「緩衝壓力」（逃避），而不是正面去解決問題。所以實際上，你的生活是被別人的劇本推著走的，不是自己想要什麼，自己有能力去推著事情走。

婆婆講你，你就忍耐著假裝有在聽，可是心思已經跑去想等一下要追的劇、跑去想帥帥的男主角，然後自己還覺得這種「靈魂出竅」的方式很聰明。今天主管又把別人該做的事丟給你了，你還是接下來了，然後在臉書上發字很大的抱怨文，一邊取消明天的休假……

如果白天你的生活是在「跑馬燈模式」，晚上你的腦子也會不由自主「被跑馬燈跑」。其實「跑馬燈」就是一種身不由己地被推著走的狀態，所以如果你可以在白天的實際生活中打破這個跑馬燈模式，晚上的跑馬燈自然就會不見了。

這也就是以前我們說的：「沒有智慧的人被事情推著走，有智慧的人推著事情走。」當你是「被事情推著走」時，你就會有很多無奈的心情，又必須壓抑著去過日子，所以這些壓抑的心情，在夜晚的時候就會冒出來，變成你腦子裡的跑馬燈。

活在別人的劇本裡面，按照別人安排的角色去演的人，他夜晚的跑馬燈會是最多、最停不下來的。那不管表面上你薪水多高、看似很有成就，或是人家說你嫁入豪門、生活令人稱羨，但實際你是生活在天堂還是地獄？只有你自己最清楚了。

所以解決夜晚的「跑馬燈」的方法，就是解決你白天「被跑馬燈」的那些部分。你不要覺得這很難，其實大部分的情形是：當你明白那個解法的時候，你會發現它們是意外地簡單！

老師做這份心靈教育工作最大的收穫，就是一直在看到「生命的出口」。

十幾年來有多少人帶著各種疑難雜症來找老師，而老師從高靈給這些人的訊息裡面深刻地體驗到：的確任何處境都有解法。所以衷心地想對你說：請你要相信任何僵局都有出口、任何事情都有訣竅。雖然訣竅總是在你的「習慣性」之外，但是當你願意跳出你的慣性去思考、去求教，或者去大膽嘗試，當下你就會從一顆「線性的粒子」，變成「非線性的量子」，你就很容易重新發現你所謂的「現實」裡面的「虛構之處」，因而突圍而出，將你不想要的那些「有」變化成「無」。

同時，你也就會進一步地體驗到：你同時也可以把你想要卻還「沒有」的那些東西，在人家給了你很多的「有」的限制之下，把它從「無」裡面創造出來，變成了「有」。那你就悟到了《心經》中所說的「空性」，它真正的含意了。

（註）各種成功的突破範例，可延伸閱讀《人生中最有價值的事，是看見自己在重複》一書，章成著，商周出版。

3

喝一杯身心靈的溫開水

☆人生不該是用來感嘆的
——附帶告訴你為什麼「男人四十只剩一張嘴」

人生不該是用來感嘆的。當你發現自己在感嘆的時候，要留意到，其實是你的潛意識在告訴你：我的人生過得並不好。所以當你在感嘆的時候，請有所警醒，請記得高靈的話：人生不該是用來感嘆的。

「感嘆」是一種讓你向下沉淪的「安慰劑」

「感嘆」是一個訊息，告訴你，自己的人生過得並不好，這個時候你該做的事是去整理自己，而不是感嘆完就算了。為什麼要去整理自己呢？因為一定是有你該做而沒有做的事情，你才會過得不滿意，如果該做的功課你都曾勇於去做，人生一定是會愈來愈豐盛，而不會感嘆的。很多人的人生愈走愈多感嘆，這表示他都沒有真的去面對問題（做功課），但感嘆不會只是感嘆，它同時也是一種「自我催眠」，是一種「安慰劑」，它是很可怕的，因為它會讓你就從你現在的位置，開始不掙扎地往下掉，然後你就會開始去吸引或尋找跟你一樣會感嘆的人來取暖，形成一個向下沉淪的同溫層。

例如所謂「男人四十歲只剩下一張嘴」，然後這些男人都很愛聚在一起泡茶飲酒，這種就是在感嘆中逐漸往下掉，而已經變成一定程度的「爛」了，才會這個樣子的。

高靈說，所有人的人生都可以是豐盛的，這個豐盛跟金錢有沒有關係呢？如果以現實的角度，確實這種豐盛也可以創造金錢，可是它也的確是一個完全與金錢的多寡無關的法則。因為「豐盛」在於你有沒有「好的生活品質」，也就是這種生活能不能讓你的靈魂，在其中有向上提升的能力（例如你能夠在生活中看到很多面向，讓自己愈來愈豁達……等）。不過，基本上如果你能夠看到很多的面向而豁達，你就會有很多智慧可以靈活運用，不可能會是貧窮的，你一定會讓自己置身在適合自己的環境，去滋潤著自己的生命。

有兩種常見的、並且令人嫌的「年紀大」症頭，一種是女性「變得一直對別人嘮嘮叨叨」，一種是男人「變得愛自誇、老說當年勇」，也就是俗語說「只剩一張嘴，會說不會做」。很多年輕人一直奇怪，人老了為什麼就會變成這樣？其實這不是因為年紀，而是「感嘆」累積到中後期的徵兆（所以才會常常發生在年紀較長的人身上）。嘮叨別人不停，其實是在對自己的處境不滿；愛說當年勇，只因為美好已經滯留在過去。所以上述兩種都是「我過得不好」所機轉出來的變貌，是一種扭曲的釋壓方式。但是，已經走到這個階段的人，要有自覺、有勇氣去整理自己，已經很困難了。

內觀：傾聽自己的心聲，願意開始去整理自己

所以當你才開始發現自己在「感嘆」的時候，你就要去傾聽自己的心聲，你是不是其實過得並不好？如果是，你就要願意開始去整理自己，那這樣的作為，才是真正的「內觀」。所謂「內觀」，就是從自己的反應去看見真實的自己，去看見自己在什麼地方該做的沒有做？不該做的又去做了些什麼？這些都要去回顧、反省、整理並還原真相，這才是真正的「內觀」。內觀了以後，就去把該做的做了，這樣你才是做了你人生真正該做的事情，你的人生才會突破瓶頸。如果你不去這樣做，你的人生就會一直覺得被外在的環境控制，不得自由，所謂「人在江湖，身不由己」，那你就會一直感嘆下去。

雖然「感嘆」是對自己很危險的催眠，但如果你能警醒，它也是讓你會開始去整理人生的警報器，給予你「突破自己正在下沉的人生」的機會。

你說：那一定能夠突破嗎？雖然這是有困難度的（因為要去面對自己的習性、慣性，會覺得不舒服），但如果有決心的話，突破的路徑也一直都是存在那裡等著你的。

有的人說，那我去找個老師或法門來幫助我突破行不行？那你就要很小心了，你是去找一個讓你更加麻醉，感到相對舒適平靜的信念和作法，讓你暫時不會無力感嘆；還是真的有在幫助你整理人生、發現錯誤在哪裡，進而在現實生活裡去做了調整？這就需要你謹

慎去辨別了。就像《零極限》所主張的清理方式，就是一隻靈性市場的大鴕鳥，以為把頭埋在四句話裡面，就可以清理頭之外的一切問題；於是當有問題出現的時候，你不僅不會藉著問題深入去反省，反而習慣性地依賴唸誦四句話，去幫你「超渡」所有的一切，這是奪走你真正去「內觀」的機會。可是真正去內觀，你的人生才真的會往上走的。

有很多法門和老師可以讓你現在「感覺舒服一點」、「感覺有能量一點」，但是那是個情境轉換、信念填鴨的暫時性效應，還是你的智慧、你的心真的清楚，你需要去誠實地向自己明辨。

很多人得到重症，在醫生宣告無法救治；或是人生一敗塗地，前程盡毀時，總會在某個夜深人靜時，意識到自己走錯的那一步，是從人生哪件事、哪個點開始的。就是在那個點，一念之差，自己選擇了某個決定，所以後續的人生才一路發展到這個局面，那時他真的會知道得很清楚。

所以各位要知道，那個「點」是存在的，你人生變得走下坡，或是失去向上機緣的「十字路口」，是存在的，但你不要等到驀然回首才去看到。如果你願意在有感嘆的時候，就開始去「內觀」，願意真誠去看、去反省，然後去改變心裡面的那個選擇點，神便會在後面推你一把，讓你從「事倍功半」變成「事半功倍」，很快地脫離滯留了很久的瓶頸，真正翻開人生的新頁。

☆如何有效的休息？

如果生活要付出你很多的辛勞去經營，你卻沒有有效的方法去「恢復」、「補充」和「更新」你自己，那麼即使你在物質世界一直在賺，自身的性命卻是一直在賠（折損）的，等賠到一個程度就會生病，生病到一個程度就會難以逆轉，到那時，你無論擁有多少金錢、多少名聲，也無法享受人生了。那麼，付出這麼多辛勞去經營這一切，就很荒謬了。

所以我們為什麼要學習「有效的休息」？因為「休息」真正的意義是「恢復」；有效的休息，意思是這個休息能夠讓你盡可能的放鬆，讓身心靈恢復能量與生機，讓你持盈保泰。擁有這樣的身心狀態，你才能夠享受人生中的一切成果。

今天要談的內容對有睡眠障礙的人會很有幫助。並且我們反過來，先談作法，再談理論。

「有效的休息」的作法

1、經常做短暫的休息。

這會比忙碌了好長時間之後的一段大休息，對你的身心靈更有幫助。所謂經常做短暫的休息，是大概每活動了兩三小時，你就應該休息個十來分鐘，而不是活動了一整天，到了睡覺的時間才去休息。

2、休息的方式，是讓你腦子的運轉慢下來。

記住：休息就是慢下來，慢下來就是休息。在短暫的休息中，從事能讓你腦子的運轉慢下來的活動，才會變成有效的休息。

很多人在閒暇時間看電影、聚餐、看書……這些活動與工作狀態比較起來雖然是相對放鬆，但卻不是有效的休息。現代的娛樂活動由於刺激度強，會讓人暫時忘掉煩惱，但就身心而言，你仍然是在「耗神」的，這就是為什麼做完這些娛樂活動你會感覺到累的原因。你要選擇的是讓你的腦子的運轉能夠慢下來的活動，例如：聽有些音樂會讓你慢下來；有些人在品茗、散步、賞花或冥想的時候，腦子也會慢下來。當你腦子慢下來時，一個明顯的徵兆就是：你的念頭會變少（我如果翻閱日本庭園的照片，腦子也會很快慢下來）。所以一有空就滑手機，顯然並不是休息的好方法。

3、讓腦子慢下來的方法：深呼吸，擁抱「無聊」。

綜合前面兩點，在一天當中，常常利用短暫的時間讓腦子的運轉慢下來，這種休息方式是對身心最有效、最有益的。可是這看似簡單，其實卻不容易做到，因為腦子已經習慣於被各種刺激填滿，腦子一慢下來，就會立刻感到無聊，「無聊」就像一堵隱形的牆，會讓你彈回去，繼續找比較刺激的活動來運轉大腦，這就是為什麼人總是停不下來的原因。否則我們一天當中，能夠做短暫休息的時刻其實相當多，例如等紅燈的時候，等人、等餐、排隊等車的時候……如果這些時候你都能練習本文說的有效休息，讓腦子的轉速慢下來，你會發現你很容易保持容光煥發，而且你也不會覺得自己「沒有時間休息」或「好像都沒有休息到」了。

有一個把這些無聊的時刻轉化為「有效休息」的方法，在這裡可以提供給大家：把「無聊」想像成一床被窩（或許這方式只適合冬天）。大家都知道，冬天剛鑽進被窩裡時，被窩是冷的，也不會讓你覺得舒服，可是為什麼你還會繼續待在裡面呢？因為你知道只要忍耐一下，過一會兒，被窩就會變暖和、就會很舒服了。

同樣的道理，當你在等人或排隊的時候，無聊的感覺會好像在給你搔癢一樣，讓你忍不住拿起手機來滑，或找些事情來想。可是你可以試著相信，如果做一些深呼吸，讓自己的心安靜下來，不去害怕無聊；漸漸地，你會感覺不到無聊，而開始感覺到安詳，你會發現什麼也不做的你，卻覺得很舒服、很自在。這個時候你已經進入了「休息」的充電狀態了。

以上三點就是讓你的「休息」變得有效的作法。

無法讓頭腦運轉變慢的休息，都不是有效的休息，因為人身心的恢復，就是需要頭腦的放鬆，只有頭腦放鬆了，身心才能切換到充電的模式。這就是為什麼大家度假的時候，可能只是在躺椅上發呆一個小時，或是聽著海浪聲小睡片刻，回來以後都會覺得神清氣爽、精神愉悅，還用「充了電」來形容。你什麼都沒做、什麼也沒想，可是就感覺很愉快、很飽滿，為什麼會這樣呢？這就是生命的奧祕。

休息是從「無限」汲取更多的資源，來修復與充電

現在醫學的研究已經知道，當我們入睡後，我們的交感神經系統會開始放緩，取而代之的是副交感神經系統開始活躍；而副交感神經系統的活躍，會讓我們的身體進行各種修復，補足白天的消耗、平衡白天的失衡，因此睡眠是非常重要的。

但是在靈性的領域裡面，講得比醫學更多。它說，當副交感神經系統作用時，我們的身心靈都會面向「無限」，而不像白天那樣面向「個人」，因此身心靈變可以從「無限」那裡汲取更多的資源，來修復與充電。這就是為什麼靜心冥想或是進入深睡時，人能從中獲得健康與創新的靈感的緣故。

也就是說，就靈性的觀點，生命有兩個面向，一個是無限的那一面，一個是有限的那一面。當你轉向有限的那一面時，你可以聚焦於創造體驗；當你轉向無限的那一面時，你可以憶起更寬廣的自由。「面向無限」就像呼氣，「面向有限」就像吸氣，如果你懂得呼與吸之間的平衡，你就能一面體驗你所過的生活，一面又不遺忘你的自由。

然而現代人就像過度吸氣，變得太緊繃，因為過度執著而太過用力做事，最後反而被自己創造的事物綑綁，而難以自由和擴展了。所以，讓我們開始練習今天所說的「休息」，相信改善的不只是你夜晚的睡眠品質，更是人生整體的滿意指數喔。

人為什麼要休息？因為休息能夠帶給你精神體力的恢復。所以「休息」是很有意思的一個概念，字面上看它是停止的、消極的，可是它卻是一個「恢復」的行動，所以每當你在休息，你的身體其實轉換進入了一個「恢復」的過程。

小孩子的「恢復」能力很強，玩累了，一閉上眼很快就呼呼大睡，睡起來精神又好了，又充滿了活力。可是大人就不是這樣了，「恢復」能力隨著年齡漸長大打折扣，最明顯的現象就是開始失眠。那種睡醒之後神清氣爽的經驗，不知何時離自己已經好遠好遠，甚至許多人到了天天都要依靠藥物來入睡的狀況。睡眠本來是動物很自然的本能，現在卻變成困難的一件事，這證明我們的生活出了很大的問題。

有睡眠障礙的人都會認為，自己晚上睡覺的時候無法「休息」，所以總是想針對這點去改善，但其實晚上睡眠品質不好的真正原因，是你白天的時候缺乏休息。

簡單說，如果你是一個在醒著的時候能夠有效休息的人，你的睡眠品質也會變好，失眠也會減輕甚至痊癒。

☆「休息」也要選方法，你做對了嗎？

現代人說自己累，已經像口頭禪似地，不過有的人明明跟你一樣的休息時間，卻好像恢復得比你好，這是為什麼呢？這很可能是因為他有意無意之間，選對了休息的方法。

不同的「累」，要用不同的休息方式

「好累啊！」當你這樣喊著，想趕快回家休息時，記得先分辨一下你的累是哪一種？不同的累，其實要用不同的休息方式，才會事半功倍。

人的累可以分成三種：

1、頭腦累：例如開了個好長的會、寫了很難寫的稿子、認真準備了考試、跟大客戶談話後……

2、身體累：例如昨天大掃除、剛剛煮完了一桌子菜、郊遊走了好遠的路、熬夜開車回家過年……

3、頭腦、身體都累：例如國外出差、自助旅行、照顧小孩兼在家接案、到醫院看護

親人……

如果是第一種，單純是用腦造成的累（也可以說是消耗了很多心神），那麼請記得，你要用「動」的方式休息，這樣才是最有效的方法。所謂「動」的方式，例如去散步、運動、健身、跳舞、打球……總之，是從事運動身體的活動。

為什麼呢？因為所謂「頭腦累」，其實也就是因為思慮太過集中、頭腦旋得很緊，緊到人不舒服，思考也失去效率、情緒要迸出來了。頭腦需要的休息是發散性的，身體的運動可以分散掉頭腦的集中狀態，所以頭腦就能比較快放鬆。這些運動並不需要很劇烈，例如光是去散步就能達到很好的效果。

如果讀書累了，你是去看電視；開會累了，你是去刷臉書；寫企劃書累了，你是去聽音樂……這是用另一個靜態活動去轉換情境，這樣當然也能夠有些許放鬆效果，但如果你想要體驗更好的結果，那請改換成動態的方式。例如下次你開完會或是伏案工作之後，感覺累了，與其坐在位子上閉目養神或跟同事聊天，不如起身走到對街的咖啡店去買杯咖啡再回來，同樣是十五分鐘的休息時間，你會發現，讓身體出去走走動動、隨意看看街景再回來，你的精神其實是鬆得更多、更舒暢的。

接著，如果你的累是第二種，單純是體力的消耗，那麼就要用靜態的方式去休息。例如直接倒頭大睡一場、不出門在家看看書讓身體好好休息，切勿再約朋友去逛街、看電影……

這個道理很簡單，應該無需多做說明。

第三種，身體、頭腦都累。對於這種狀況比較有效的休息程序是：先動再靜。也就是先透過去運動（或散步），讓頭腦放鬆，然後因為運動了身體，使原本已經累了的身體又更累了，那正好，你接著就可以去好好睡一覺，讓身體來個大休息。

在身體、頭腦同時都累的情況下，倘若你沒有先放鬆頭腦就去睡覺，你會發現睡眠的品質並不好。所以要先放鬆頭腦再去讓身體休息，才是對的順序。

健康的要訣就是「平衡」

現代人的累，大多是先從第一種——頭腦使用過度（太緊繃）開始，然後因為捨不得睡就會熬夜，繼而造成身體休息不足，最後才變成身體、頭腦都累的第三種狀態。如果第三種狀態（身心俱疲）變成長期的情況（累積時間因人而異），就會造成所謂的「身心症」——醫學上說的自律神經失調。所以身心症並不是病，它就只是失調，能調回來就OK了。

像有的人在某個工作階段，因為很多事情突然集中在一起要處理，蠟燭兩頭燒，可能暫時性地引發自律神經失調的狀況（例如胃酸逆流、失眠等等）；但是等這個階段過去，生活作息、休閒時間、心情狀態能夠恢復正常，他也就好了。

從這裡我們可以看出，健康的要訣就是「平衡」兩個字，但是說起來簡單，做起來難，為什麼呢？因為人的想法都有一定的習慣和範圍，常常我們已經盡力去做了，還是不知道怎麼去平衡我們的生活的話，就會變成只好靠忍耐去度過了。

就好像，我們看別人的事情都似乎看得很清楚，一輪到自己，常常就很多矛盾混亂，於是就只能很費力地跟某些狀況周旋；如果這些事一直揮之不去，或老是捲土重來，身心俱疲就會一直持續，身心症當然就是遲早的事了。

身心症的療癒方法是「釋放」

所以前面我們講的是「休息」，但對於身心症的療癒，或是對於現代人更重要的保健之道，其實是「釋放」。

「釋放」是指，把你的人生軌道中某個重複性困擾，整個結束掉。

在我的《人生最有價值的事，是發現自己在重複》這本書裡面，講到了很多人的故事，有的人不知道自己為什麼一直對交往的對象很挑剔、有的人不知道自己為什麼一再換工作、有的人不知道自己為什麼對生活就是提不起勁、有的人則一直透過給自己壓力推自己往前走……這些模式都讓當事人身心俱疲，又跳脫不了，即使有錢也買不到一個自己會喜歡起床的早晨。書裡面的這些人，最後都找到了讓他們解套的角度，而他們所感受到的喜悅，就好像整個人生終於可以重新深呼吸，重新活過來了（不再只是在壓力中喘息與自我調適了）！

所以當你有了休息，也要思考如何「釋放」，就是讓你自己的內建程式，能夠升級到下一個更加「都可以」的版本：都可以面對、都可以處理、都可以平衡。

如果你不往這個方向去學，只是就現在的生活，累了就求取暫時的休息，漸漸地你也會變得無法休息，不知不覺把自己過得愈來愈緊的。為什麼呢？因為外在的世界一直在變，而且變動得愈來愈快，這會使你感覺到自己必須往上爬（上緊發條為未來鋪路），可是眼前又充滿了不知道該怎麼做的未知，所以在你的焦慮感裡面，你會顧不得所謂的身心平衡，也不知道能怎麼去平衡了。

例如吃完晚飯你跟家人一起到附近散步，本來是你每天最大的享受，本來你也知道，忙碌了一天，該這樣休息的；可是不知道從什麼時候開始，每次散步時，你卻一直忍不住想著很多或小或大的憂慮的事，然後就想要趕快走完去辦什麼事情，不再有那種閒情逸致了。包括送小孩子上下學，或是偶爾跟老公（老婆）來個小約會，這些事事明明以前你是喜歡的，你也知道跟家人互動的美好時光，就是在這些小事情裡面累積出來的；可是不知道為什麼，現在卻變成在做這些事的時候心裡很匆忙，好像一直要趕著做完，然後再去處理別的事情才行。

其實，這個時候就表示你的心已經習慣於「繃緊」了，連你休息的品質——不管動態的或靜態的，都下降了。並且，用這樣的能量去做事情，其實都會事倍功半。例如說，你和孩子或另一半的溝通，可能就會變得很表面，你們真正的心意或需求會沒有被聽見，於是用了表面的意思去處理事情，後來會衍生出更多意料之外的歧見和情緒，反而搞得更複雜，甚至到達壓力點時，就會來個令自己和別人都抓狂的大爆炸。

當人「緊」久了以後，變成自己沒有辦法放鬆，就會覺得需要藉助外力來幫忙。所以現在有很多靈性的療法或產品，會吸引有需求的人，不管是人家騙你的還是真的有幫助的，總之，當你第一次去使用的時候，都是願意去相信的，也就是因為如此，效果會特別好。可是久了以後，效果就會自然遞減，因為當你熟悉這個東西的流程以後，頭腦對於已經熟悉的東西就會不耐煩而想要加快，它還會一直去檢查自己期待的效果有沒有發生（希望能跟第一次一樣），結果它又把自己變緊了，於是效果當然就沒有之前好了；這麼一來，你對這個作法的信心也就減低了，於是下次再使用時，會更達不到效果。如此循環，最後你就會把它丟到一旁，再去找新的來嘗試。

許多人就這麼在各種療法和產品之間兜兜轉轉，花費許多時間、金錢。然而花錢事小，對自己的挫敗感與自責卻日漸加深，這才是讓人更加陷入痛苦的事；因為會覺得那些東西很多人在用，他們都說很有效，為何獨獨到我身上都沒有用了呢？是不是我真的「業障深重」呢？

智慧升級，讓自己看見更多的角度，掃除盲點

其實這些療法或產品，如果是作為短時間讓你可以放鬆的輔助工具，是很好的；但是如果你不能從現在的大腦模式中釋放，獲得更大自由的話，它們到最後都會失去效用。你所聽說的「有效」的口碑，其實很多也就是蜜月期的分享而已，如果真的長期有效，一直用下去就好了，為什麼新奇的東西一出現，同一批人又會去購買了呢？

也就是說，如果你的「緊」，事實上已經讓你「休息」的品質不斷下降，例如運動、散步也沒用了，甚至運動到一半就受到很多雜念影響而做不下去了（好像腦海中有個無法關掉的跑馬燈，一直跑個不停），更不用說睡眠——你自己真的覺得根本沒有睡著（可更懊惱的是，別人都覺得你有睡著）……那麼你需要的就不只是「休息」，而是要找對壓力點來進行「釋放」！

也就是說，你的人生需要的是一個「小開悟」，你需要幫助自己去改寫裝在你頭腦裡面的那些容易衝突緊繃的運作（跑馬燈）程式，將它們改寫成開關自如的進階版，讓你去運作時能夠順暢而不會造成衝突。這樣你的整體心境才能夠鬆開，變得明亮和輕鬆；然後你的「休息」品質，同樣也會有效的恢復了——你終於又可以享受親子時光了、你終於又能夠享受花香了、你終於能夠夜夜好眠了。

「釋放」不是一般說的「放下」，而是「智慧的升級」。「智慧的升級」是讓自己的生活能夠看見更多的角度，掃除盲點；對於壓力點（那些讓你害怕、招架不住的生活情境），有能力去換位思考和有效處理。如果你能獲得正確的學習因而提升了智慧，不僅生活的步伐可以快慢自如，年紀愈大，生命真實的豐盛也會累積愈多，你真的會愈活愈開朗！那麼，人家說的老年失智症也會與你絕緣；逆齡的神奇，也會奇蹟似的發生在你身上。因為，喜悅與富有本來就是生命的本質，你可以讓你的本質開花。

☆不怕老的理由

為什麼你會聽說，有的人一退休就病倒了？這篇文章告訴你：人，絕不能「等著」變老！

年齡增加，也增加視野與智慧，可活得長壽又健康

台灣很多老人家總說：「啊！人老了，不中用了。你們年輕人多好啊，有時間、有青春、有健康……」其實不是的，不要認為年輕一定比年老好，年輕人有時間和體力，那麼老人可以有什麼呢？老人可以有視野與智慧。

人就是會有生老病死，當你老的時候，確實，你沒有時間和體力，且身體是一定會衰退的。可是當你有「視野」和「智慧」時，這是可以用來勝過年輕生涯的兩樣寶物。

老人雖然體力不如年輕人，但有了視野和智慧，便可以更有餘裕、不怕外在紛擾地過生活，同時還能從很簡單的事物上，就品味出豐富的滋味和人生體悟，這些都是年輕時做不到的。而年輕人正因為有時間和體力，反而經常仗恃著自己的年輕，做出很多對自己、對別人會有折損，甚至難以彌補的事情（造業更快），所以年輕真好？這可不一定。

但大家最擔心的是，老了以後身體健康的問題，然而也的確有的老人可以活得長壽又健康，那又是為什麼呢？這還是因為「有智慧和視野」，這些人通常從中年開始，就注重養生了。而所謂的「養生」，不是照本宣科拿廣告或醫生說的那一套來硬套在自己身上，而是持續觀察自己的身體，關心它的變化，同時一直在接觸新知，然後在眾多的知識裡面去實際實踐、感覺是不是適合自己？有沒有成效？漸漸累積專屬於他自己的養生智慧的。像這樣懂得養生的人，雖然人生最後還是要走，但他大部分的時間確實會比別人享受得多。

反過來說，很多老人家愈活愈痛苦、不自由，他們總歸咎於身體的老化和病痛，但他們不知道，其實也是自己不懂得養生，才去加重老化的痛苦的。並且，由於自己的智慧沒有提升，隨著年紀愈大，對死亡的恐懼、對不受重視的恐懼、對很多事情的放不下和不甘心更與日俱增，造成一旦身體有什麼不舒服，就會更以恐懼的心情一直聚焦在病痛身上（因為害怕疾病使自己的處境更糟，也害怕死亡），結果病痛真的愈來愈擴大（因為吸引力法則），才促成他體驗一個多病多苦的老年生涯。

所以，為什麼我們也常聽說，很多人一退休下來，就一下子病倒呢？尤其這些人本來身體健康狀態也還 OK。這種狀況也是同樣的原理，當他們退休沒有了工作之後，頓時失去重心，找不到生活的意義，在潛意識裡面就會害怕死亡。這時候如果有任何身體的病痛，就會引發他的恐懼；而當他帶著恐懼去不斷注視病痛時，這個負面情緒會讓那個病痛更加擴大；他一看到病痛擴大了，又更恐懼，是這樣形成了一個惡性迴路，他就一下子病倒了。

所以這種「退休後的病倒」，並不是本來身體有多差，而是自己的情緒迴路造成的。以前還沒退休時，工作會轉移掉很多的注意力，讓人不覺得空虛、也沒有時間去想到衰老和死亡這些事情；然而當退休後整個空下來了，就會有很多的時間讓自己在那裡想像和擔憂，被無力感襲擊，而無力感，是會讓一個人一下子老很多的。所以台灣很多活得很悶、很不開朗的老人家，你若想試圖鼓勵他，或希望他能幫幫他自己，你會聽到他們會說：「啊！沒法度啦，就乎伊去！」

有智慧用行動去學習，人生下半場就會變得很豐富

那麼，在閱讀這些文字的時候，你不就了解了這些事情發生的原理，也知道要如何去避開這樣的發生了嗎？這就是你在為未來的自己奉獻了。所以，這也就是「視野和智慧」為什麼這麼重要的原因。

因此，就以身體健康這部分而言，就算你老了，感覺到身體大不如前，如果願意學習新知，提供身體它所欠缺的，你會發現它真的會延緩老化，甚至讓你身體的年齡小於你的實際年齡愈來愈多；這樣你的精神也會變得更好，就更有動力去尋找新的生活目標，或去

做你本來就有興趣去做的事情。結果這也會形成一個正向迴路，你精神的愉快，又會使你的身體更健康。

更進一步地說，除了身體的面向，如果人生歷程中許許多多的際遇，你都願意去清楚、去了解、去反省，累積各方面的智慧與視野，那麼這些清楚就會一一收入你的「第三眼」。「第三眼」與「頭腦」不一樣，第三眼是肉身與靈魂的連接位置，也就是「高我」的寶座。頭腦與第三眼的關係可比喻為「太極」的「陰」與「陽」，兩者都發達的話，人運作起來就會有光亮，菩薩相就會出來。畫像裡佛菩薩背後的「光圈」，就是在表徵這種狀態——「腦」和「第三眼」的協調運作。如果你願意用你的人生歷程的方方面面，去堆疊智慧和視野，那麼甚至你會像個菩薩一樣，愈老愈吃香，愈活資源、人脈和能力都愈多，那你不但不會恐懼，還會成為吸引年輕人羨慕與效法的成功典範喔。

所以，請不要每過一年，就在那邊感嘆說：「唉！又老了一歲……」不要每忘記一件事情，就說：「唉！我又老了……」很多人習慣對「老」產生無力感，這是很多長輩傳遞給你的信念。但這不是你唯一可以選擇的人生體驗，只要你願意有智慧（智慧是會有行動的喔）用行動去學習、主動去了解身體和人生更多，那麼你就會有能力去平衡那個身體的變老，讓自己體驗到超乎預期的老年風景。

人是不能「等著」變老的，從現在就要去學習，那你的人生下半場就會變得很豐富！甚至你真的會感覺到，你一點兒也不想走回頭路，成為一個年輕但沒有現在這樣的智慧的人；你不但一點也不會傷逝青春，甚至會懂得弘一大師走到人生終點，對他自己此時此刻的描述：「花枝春滿，天心月圓。」

☆送你一杯「心靈的溫開水」

去高海拔地區旅行時，很多有經驗的人會告訴你，到了那邊的第一晚，最好不要洗澡或洗頭。為什麼呢？因為洗澡或洗頭會加速你的血液循環，對身體而言，就像你在小跑步一樣；可是你的身體還沒有適應這個空氣中含氧量相對較低的高山環境，你就很容易在洗澡或洗頭時，突然間發生缺氧的狀況。也就是你的循環加快了，身體需求更大量的氧氣，可是這個地方空氣稀薄、含氧量低，一時之間供應不及，有些人的體質甚至會發生休克的狀況。危險性就是在這裡。

好的習慣可以讓自己出事情的機率降低很多

冬天為什麼容易發生中風的事件，其實也是同樣的原理。有些人平常已經是中風的高危險群，年紀大、血管窄、循環差；到了冬天的時候，血管又收縮得更窄、循環也變得更差了。這時候突然有強烈的冷氣團（東北季風）來報到，由於冷高壓的含氧量也是比平常低，所以他身體的氧濃度也不會那麼高，這情形便跟人處在高山上類似了。如果這時候，在這種大冷天他去洗熱水澡，而洗的方式又不是從四肢開始洗，是從頭部開始，那麼一淋到熱水，頭部的循環活動瞬間加速，很可能就會造成一個非常短的時間的腦部供氧不足。雖然時間很短，可是有些人就會因此發生中風、甚至昏厥，而造成休克死亡的遺憾。

所以在很寒冷的冬天、或是高山上要洗熱水澡的話，洗澡前最好先喝一杯溫開水，讓身體的循環開始加速，預先適應。此外洗澡的時候也要先從四肢開始洗，然後再洗頭，這樣才是最安全的作法。這樣的建議不止是給所謂容易中風的高危險群，高靈說，最好大家都能夠養成這個好習慣。

為什麼呢？有的人可能認為，如果自己身體很好，這種事情就無所謂了，其實不是這樣的。大家常常在抱憾的「無常」，若你仔細去思考，它都是「很多事情剛好就擠在一起發生」的一個事件。例如一戶人家發生火警的時候，偏偏正好是在下班的塞車時段；然後當天他家的巷口又正巧在施工，結果本來可以十分鐘就到的消防車，竟然花了半小時；於是本來只是一點小火，可能只會燒壞廚房而已，卻把整棟房屋都燒得片瓦不留了。

很多在無常中遭遇重大失去的人，回過頭去看那個事件的發生，就總會發現「那一天」真的是有很多的「剛剛好」，如果其中一件事情沒有那麼剛好，這件事情就不會發生。例如說，剛剛好那天天氣很冷；剛剛好那天山上的朋友又約丈夫去喝酒；剛剛好那天他沒睡好，清晨爬起來洗熱水澡；然後，剛好那一陣子他其實比較累……

所以很多猝死的人，並不是老年人。他也許正是個身強體壯的年輕人，只是剛好那一陣子常加班、剛好又重感冒、剛好那天又必須熬夜、剛好書房的空調又壞掉還沒修……最關鍵的一個剛好是：他呼吸暫時終止的時候，剛好家人都不在家，所以幾小時之後才發現。

所以為什麼養成好的習慣很重要？因為好的習慣可以讓這些「剛剛好」，比較不容易全部湊齊，你就會讓自己出事情的機率降低很多。如果你養成這些習慣：冬天剛起床時、以及洗澡前，都能夠先喝上一杯溫開水，並且給自己的四肢動一動、暖一暖，那麼就好像你給身體一個「先去流動」的狀態，那麼縱使有什麼危險因子加進來，這個流動也能夠作為最好的預防措施。

血管阻塞並不是只有心血管疾病的人會有的，而是每個人偶爾都會發生的，只是因為它發生在你身上的時候，你身體其他的因緣條件都可以去讓它疏通，所以你就沒有感覺。所以很多事情的發生與不發生，就類似於剛剛說的小火警變成大火災的例子，是當「很多因素剛好都湊齊」的時候，平常不會對你有威脅的事，那次就變成了很大的問題了。

身體與處事觀念一直有在流動，可趨吉避凶

有些人很喜歡說：「生死有命，想那麼多沒用啦！該死的還是會死。」這樣說是沒有去看到，人類社會在這一百年多年來，平均壽命一直在增長的事實。如果不是很多人在醫

學上的付出與研究，教導我們去改進衛生條件和生活的習慣，我們現在還會像百年前那樣，生活在動不動就有小孩夭折、每隔一陣子就有大規模的瘟疫發生的環境當中。

「趨吉避凶」所強調的，本來就是機率問題，所以會有「夜路走多碰到鬼」這句話。你很多科目的成績都在及格邊緣，那只要有一次期末考剛好你狀況不佳，你就會同時被當掉好幾個科目，說不定就突然達到退學標準了。如果你每一科目起碼都有個七十幾分、平常作業起碼也有繳交，教授對你印象不壞，那就算你某一次突然失常、考得很差，你還可以重修、人家也還會想要給你補救的機會。人生也是這樣，很多事情你常常做、或是一直不去做，就會把自己放在某種「夜路走多」的「吸引力」裡面，有些事情到後來就很容易發生在你的身上。這就是「吸引力法則」在講的意思。

所以很多事情不是你去辯論：「我認為我沒有錯。」而是要去實際觀察，你常常堅持的「對」會讓你的人生裡面容易發生什麼事？

如果你真的有這樣去觀察，你就會知道：人很多的觀念是需要因時因地、一直去調整的。這樣你才能夠在地球教室的「黑」與「白」之間，轉動你人生的太極（註1）。然後這裡有一個最大的重點來了，這是今天主要要跟大家分享的智慧：

你就會發現：**最不會出事的人，就是在觀念上，能夠像水一樣流動的人。**

人的身體能夠健康，就是因為身體裡面的「各種流動」（也就是「新陳代謝」）是順暢的；同樣的道理，一個人的人生能夠不斷趨吉避凶，因而順利發展，也是因為這個人處事的觀念都一直有在流動，而沒有固化。

當一個人的觀念能夠因時因地、因應不同的階段而「新陳代謝」，那麼他生活中潛藏的「夜路走多」——那就好比是身體的「毒素」，就能夠一直排出去，而不會堆積在生活中，不斷地累積它們的「吸引力」，到後來讓那「最後一根稻草」去壓垮自己。有這樣的新陳代謝，那個「很多狀況通通擠在一起發生」的機率，就會大大降低了。

「自我覺察」還不夠，還要「新陳代謝」

而「流動」——也就是「新陳代謝」這個概念，同樣可以用在心靈的療癒上面。很多人因為得到了憂鬱症，或是因為活得很不快樂，於是走到了心理治療或心靈成長的領域尋求療癒。當他們聽說了「自我覺察」這個概念的重要性之後，便開始不斷就自己當前的每一個情緒，去「覺察」它來自於什麼樣的過去、什麼樣的信念，範圍可以從原生家庭挖掘到前世今生。透過他們的「自我覺察」，他們一直在「看到問題」、「看到模式」。

然後幾年下來，他們甚至變得比諮商師還能解剖自己、分析自己。可是弔詭的是，他很清楚他自己的看不開，但是到頭來他還是看不開！所以心理諮商的領域，有一個非正式的名詞叫做「專業個案」，就是在形容有一些想療癒的人，他長年到處去求助、到處去諮商、到處去上課，到後來他甚至已經可以很熟練地以心理學的專用術語，來向諮商師陳訴他的狀況。於是有很多諮商師就傻眼了！心裡想說，既然個案都那麼了解自己了，為什麼還是困在裡面呢？

其實這個「自我覺察」的目的，比喻性地說，就是你試圖要將過去的毒「排毒」出來，可是為什麼效果不彰呢？因為你並沒有把你真正需要的「新能量」引進你的生命裡來，讓它自然地代謝掉那個舊的能量模式。也就是說，你只是一直看到那個你不要的「症狀」，總想著要擺脫它，可是你並沒有透過正確的「移動」，讓內在產生「流動」，所以你就是接觸不到其實你真正需要「補」的能量；所以那些「症狀」就會一直讓你看到它們的陰魂不散，讓你感覺到它們似乎是根深柢固地纏繞著你。其實，你的狀況就是停滯在那裡，卻想要處理掉「因為這個停滯」所產生的各種變貌出來的症狀。你看出問題點了嗎？

所以在我們的課堂上，高靈的訊息很強調「移動」的重要（註2）。「移動」就是讓你的生活，無論在身體上的經驗、觀念上的接觸、文化上的學習，都盡量地多元而多樣化。「移動」會讓你打破固化的模式，你的內在就會開始「流動」。那麼這就好像你的身體透過喝水進來，造成一個流動，就會加速新陳代謝，把身體的廢棄物變成尿液、汗水排除出去一樣。

人生也是如此，你可以透過「移動」，造成內在的「流動」，在這個流動中，你就會拉開視野、體驗到新的不同能量；於是阻礙你運作的觀念與情緒，就會自然而然地被新的發現「代謝掉」。那麼你就不需要叫自己「放下」，你就能夠把眼前看似的絆腳石，變成讓你可以步步高升的墊腳石，只需往上走就行。

浸泡在「心的智慧」裡面，讓你卡關的觀念和情緒就會消失

所以老師的課堂，同學們坐在底下到底是在「做什麼」呢？其實就是在喝那一杯杯「心靈的溫開水」。也就是透過每一堂課的高靈訊息，透過對於生活的各種問題，高靈對你注入更高層次的能量和觀點，在你身心中那些阻塞、卡住的地方，就會開始鬆動和流動、開始「新陳代謝」。於是你將會發現，你的改變是自然而然、輕鬆不費力的。你並不需要像從前一樣，一看到你的舊模式發生，就無法克制地自我否定，一直在「覺得自己不夠好」的自責當中自我插刀。

所以老師以前常常對學生形容，上課就是一種「浸泡」，就像是你去「泡溫泉」一樣。各種療癒的效果是在「心靈體質」的改變中自然發生的，當你浸泡在「心的智慧」裡面時，雖然別人看你，好像沒有戲劇性的變化，但是當你的「心靈溫度」逐漸提升的時候，你會發現你身心的「新陳代謝」也悄悄在發生了，新的體驗和新的看見一直紛紛冒出頭，讓你

感受到好久不見的清朗與鬆綁，而那些讓你卡關的觀念和情緒，就會毫不費力地消失掉了。

因此為什麼學習身心靈很重要呢？因為你不能讓自己的身心靈處於停滯的狀態。你只要去看看你鄰居在抱怨的那種「固執的長輩」，你就會害怕自己以後老了會變成那樣。這些老人家什麼都擔心，又一直把家人捲進他們的負面思考裡面，成天逼人家要按照他的意思去做。為什麼他們會變成這樣？你去看，其實他們的生活、觀念，從年輕時期所謂的「娶妻生子」以後，就已經不再移動與流動了。

反之有一些大老闆，全世界飛來飛去、到處去做生意的那些人，他們的年紀有些也很大，跟你家裡的長輩是同歲數的，可是人家的思想觀念卻很開明、很靈活，能力也很強。他自己到這個歲數都還常常在出國，又怎麼會像你家裡的長輩那樣，好像你一出國就是什麼大事，非得規定你一定要天天打電話報平安呢？這些會去「飛來飛去」的長輩，你也可以去看，他們往往從年輕的時候就是比同儕更不會去懼怕未知，而能夠把他們的心胸打開、主動迎向挑戰的人。其實他們很多人一開始也是沒有錢的年輕人，可是他們並不會老是把他們的注意力，放在所謂的「不安全感」裡面去做選擇。他們大多把注意力放在生活中有趣的、有創造性、符合趨勢潮流的事物上面，而樂意去嘗試、去挑戰、去花錢體驗。

富爸爸模式，需要有能力做好「價值辨識」的修為

這又是所謂的「富爸爸」與「窮爸爸」思惟模式的不同了。而今天我們講到身體的健康，那麼你甚至還會發現：富爸爸也會活得比窮爸爸久的。

因為當一個人的「富爸爸模式」給予他愈來愈多的餘裕，他便可以有更多的資本去養生、去運動、去利用新科技和新知識照顧自己。而窮爸爸模式的人，到後來連在冬天寒流來的時候，他都會捨不得開暖氣、捨不得買好一點材質的衣物保暖。他就一直在忍、一直在慢慢失去對身體警訊的覺察與反應（因為一直不想花錢）。然後當他的身體其實已經孱弱到及格邊緣的時候，下一場寒流來他就猝死了。日本每到隆冬，都會有「○○位老人家在這場寒流中猝逝」的報導，這其中最大的原因其實不是因為寒流，而是因為日本有很多老人家節省過頭，他們自己已經不知道了。

很多老人家身體之所以不好，就是明明會冷，卻捨不得開暖氣；明明太熱，又捨不得開冷氣。然後這幾年氣候變遷，造成氣溫的極端化，熱的時候很熱、冷的時候又很冷，可是他們的觀念還停留在過去，認為自己像以前忍一下就可以度過了，其實最底層的原因就是不想要花錢。所以他們的身體，就在這種極端天氣裡面被他們的「捨不得」給糟蹋了。

那就像之前我們說的，他很多危險因子都已經備妥妥了，就像賭場那個「777」拉霸，兩個

7已經準備在那裡，哪天只要第三個7一出現；一兜上，他就走人了。

可是如果他懂得，金錢也是要流動出去的，他有讓金錢一直在流動，他今天的人生就會大不相同，因為那就是「富爸爸的模式」了。在富爸爸的世界裡，自然就不會有「窮爸爸」會遭遇的問題的。（所以「清楚」就不需要療癒。）

當然，所謂「金錢的流動」，並不是你很捨得刷卡，那就叫做「富爸爸模式」。「富爸爸模式」的花錢，是很知道他花錢的目標的，而這是需要有能力做好「價值辨識」的修為的。如果你沒有價值辨識的能力，你的花錢要不是只是一時之快，就是被人家坑殺、消費而已。可是「價值辨識的能力」是什麼？那其實就是「有眼光、有修為」，而這正是上心靈成長課真正要達到的目的。

所以很多人以為，是有問題、活得不好的人才要去上心靈課，其實這是很錯誤的觀念。你想要錢滾錢，就更要上心靈成長課。因為回復健康的身心只是基本，「錢滾錢」能夠滾得長遠又健康、滾得大又有遠見，靠的就是你價值辨識的功力，以及隨時像水一樣，調整你自己觀念的悟性。那這是要有敏銳度、要有冷靜的心、要有客觀評估的胸襟，也要有五感的欣賞能力等等，這些就是叫做「修為」。

你要有修為，你才賺得上去，而且這個賺上去的你，才能夠「長治久安」。你看台灣有一些曾經風光一時的商圈，那個時候那些「金店面」每個賺錢賺得笑呵呵的。可是數十年後，商圈卻沒落了、蕭條了，結果現在那些沒有走的，在那裡哀嘆的店家，竟然也是當時開店的那些人。那麼這中間發生了什麼事呢？就是那些店家只是剛好攀上浪頭跟著起來了（這就是以前我們說過的「十年大運」），可是接下來他們如果不求新求變，只是覺得錢好賺就一直忙著賺錢，那這條商圈漸漸就會讓人覺得了無新意，跟最新的潮流脫節，它就漸漸地下去了。

那這條商圈裡面，有沒有商家會求新求變呢？也有的，會求新求變的他早就搬到下一條正在崛起的商店街去了。所以這個世界上，也有人一直可以從這一個浪頭跳到下一個浪頭，也有人只能夠跟著一個浪頭上去、又跟著這個浪頭下來，然後就在那裡「由奢入儉難」了。甚至更糟的，有更多人是被人家製造的假象給騙了，追在浪頭的最高點，他還拿錢下去貼，結果是被套牢、血本無歸。這些人的差別在哪裡呢？差別就在於他們的觀念、眼界有沒有不斷地「新陳代謝」；也就是他們有沒有願意付出時間金錢去學習，一直「讓新的進來，舊的出去」，使自己成為一個流動的「流」。

修行的效果是要長養「心」，而不是「自我」

所以上心靈課正是在幫助你的生活各個方面，一直能夠新陳代謝，讓你的觀念更新、心境更新，讓你判斷很多事情的能力可以提升。當你判斷事情的能力提升，很多事情你就能夠去趨吉、也能夠避凶，包括你的身體都能夠恢復良好的新陳代謝。那你的「吸引力法則」就會更好了，不只是賺到金錢、健康，也賺到更多的智慧與幸福感。

所以為什麼你看到佛像的樣子，都是那麼有光華、那麼樣地貴氣？因為祂就是在告訴你，人生是有這條路可以走的。你可以富貴榮華，可是還是很健康、氣色很好、心地也依然善良，這些是可以兼具的。那麼既然人人都可以成佛，所以就只是看你有沒有要學了！

當一個人把自己活成這樣的時候，他的平行宇宙已經是在「人間天堂」了，那麼他的想法絕對不會被什麼不安全感、誰欠了我、誰曾經傷害了我……所局限，他就不會在那個很計較的狀態下，去不甘心這一生。你會心很寬、很喜悅，跟誰應該保持平行線、跟誰應該在哪個領域交集，下一波浪頭是不是來了……這些你都會很清楚。

這就是我們上課在讓大家學的東西。而這些東西有時候就像這些文章一樣，看起來好像道理很簡單，可是其實一點都不簡單。因為那個「簡單」是神佛運用方便，讓大家用可以吸收的方式去吸收的緣故。否則就像《心經》也只有兩百六十個字，為什麼懂與不懂之間，差異會很大呢？

不懂《心經》，只是一直唸誦它的話，那它的有效性，就只是在頭腦的世界裡，會給你帶來一種暫時良好的感覺。可是是誰在那裡感覺良好？是「自我」。而自我有了這個良好感、暫時的安心感，它就不會真正去做它該做的功課了。所以很多人執迷於念經，其實長養的是自我，而不是他的「心」。

修行的效果應該是要長養「心」，而不是「自我」的。「心」的意思就是透過你的修行，讓你可以愈來愈在人生的種種選擇上，去做有智慧的事、做有智慧的選擇，讓你的人生實際的改變，向著「人間天堂」的體驗移動。所以你如果真的有在修「心」，你現在就會往天堂的路走，同時也會愈來愈清楚看見天堂與地獄的差別。

當你愈來愈活在天堂裡的時候，你會愈來愈驚嘆：人的起心動念，造成的差別居然可以這麼大！可是大部分的人卻不知道。像是有的有錢人，他明明很有錢，可是他的防禦機制已經過度了，結果他愈有錢，反而愈刻薄，根本無法享受人生。這個從古至今的民間故事裡面都有，那他那些錢根本是讓他置身在地獄裡面，讓很多殺機在其中醞釀，他還渾然不知呢！

新的不來，舊的不去

新的一年來了，很多人會說「舊的不去，新的不來」，固然這句話不錯，可是今天要告訴你這個「新陳代謝」的祕密，剛好跟這句話相反，它說的是：「新的不來，舊的不去。」新的來了，舊的自然就容易捨去，這會讓你非常輕鬆簡單；但當你僅有的是那個「舊」的，即使裡面讓你很苦，也還是有你的熟悉感以及既得利益，所以說要放下，是有多麼困難呢！

所以請大家思考：在心靈的世界裡，要在舊的裡面除舊，是不是其實是難度很高的？是不是其實是事倍功半的？所以要事半功倍的方法，應該是讓「新的進來」，舊的就自然代謝掉了。這就好像人家說的，你要在寒冬裡面施肥、架設溫室，當然花也是會開，可是是不是又辛苦、成本也相對高呢？可是「春天來了，草木就自然生長」。

這個世界上一直有更高的智慧在那裡，給予我們源頭活水，這等於是讓你能夠直接從你更好的未來，倒推回來學習，這就是「非線性」的成長方式。所以新的一年，老師希望大家都能夠主動從那個「更好的未來」，把新氣象帶回給自己。那麼，你的新的一年，就一定是充滿能量的。

（註1）欲更深入了解「生命的太極」現象。可以參加單堂課：「你愈要，愈要不到嗎？（這就是有功課）：談宇宙的「DNA反轉法則」」。

（註2）有關「移動」的延伸閱讀：〈移動，打造出聰明的孩子〉、〈人生瓶頸怎突破？放下自我，去欣賞〉。參見《愛得聰明，對我們都好》、《讓我的功課，變成我的精采》二書，章成著，商周出版。

☆放下、放下，原來……這樣才能放得下！

問：

生命中有些事情，時過境遷，自己也知道應該要放下，不該再受到牽動；也有好多書在教人要放下，我知道是對的，但為什麼我都放不下呢？

答：

「放不下」，是因為有一個「不容易放下」的個性，而不是那件事情很難放下。所以，「放下」絕對不是針對單一事件去做，而是一個人個性上有一個「緊度」，那是必須「放下」的——也就是去讓一個人整體的緊繃度調鬆的。

比如說，你每次要出遠門，會不會就緊張兮兮？開車一遇到堵車，會不會就開始想罵人？跟家人相處，是不是別人都不想聽你的話，然後你好用力去講，卻都沒有效？只要有不對勁的事情發生，你就覺得別人一定是在針對你？……等等。如果是這樣，那就是一種

「緊」，表示你其實已經累積出一個比較神經緊繃的個性了。而做不到對一件事情的「放下」，那是生活很多面向的「緊」，去加總起來的結果，並不是你想像的：「如果我能把某件單一的事件放下，我的人生就開闊了！」

所以要讓你對過去某些事情能夠放下，反而是要對現在的生活中，很多會讓你緊繃的事情，去個個擊破、個個鬆開。然後當你在這個過程裡面恢復了自身盈滿的能量，恢復了生活的豐盛感，過去的事情自然也就會愈來愈雲淡風輕了。

現代人的生活，會讓他一點一滴旋緊的事情非常多，在這些事情裡面，不用到百分之百，只要有百分之三十得到鬆開，自己已經會感覺整個人很明顯地變輕鬆、變明亮了！事實上，能做到百分之六十的事情都鬆開來的人，他的修為在人間就已經可稱之為「金字塔頂端」了。

要調整到百分之三十能夠鬆開，一般人是做得到的，只要願意很有意識地去覺察原因、了解自己一直看不到的角度，雖然不是一蹴可幾，卻一定能夠日起有功。但有的人會覺得，這就像練習瑜伽一樣，如果有個好的老師在一旁用他的經驗幫你觀察，也許只要他出手幫你調一個角度，就能抵上自己好幾星期的摸索，立刻能夠意會到正確的姿勢了。

沒有錯，個性的突破與學習，也是這樣的，好的老師會縮短學生的摸索時間，讓他快一點看到效果，建立對自己的信心；也有人只需要一個月的學習和調整，甚至他的憂鬱症就沒再復發了，這樣的例子也有。不過先決條件就是：當你去找老師的時候，要很願意坦承自己生活中的問題，即使那讓你覺得自己很無能或黑暗；若戴著面具去問問題，也只能戴著面具回去，那就算是找到了佛，佛也度不了。

當你在現在的生活裡，經過一段時間的生活微調，重獲滋養與盈滿，這個過程你所領悟的智慧，甚至還會讓你看出：那個放不下的過去事件裡面，原來真有個角度，讓你可以放過自己、放過對方呢！但那只有一顆因為內在盈滿而更慈悲的心，才能夠自然地看見。到這一步時，你會由衷地感謝自己的生命歷程，也會真得明白，世界上最珍貴的不是金錢，而是那能讓人如釋重負的智慧。

☆怎麼「拿得起」？又怎麼「放得下」？

怎麼面對人生給你的難題？

先談「拿得起」——怎麼面對人生給你的難題？

每當你無助地在問「我該怎麼辦？」的時候，請試試看這個方法：先去感謝。

作法是：具體的想出自己目前的生活中，應該要感謝的人事物，然後在心裡面一一地去感謝。或許本來有情緒堵在你的心口，讓你很難由衷這麼做，但如果你堅持，漸漸地，你會發現有很多「念頭」會自動消失，它們會被消磁掉，然後你的心就會擦亮你本有的高頻率的部分，你就容易接收到對自己真正有幫助的想法。

也就是說，「感謝」會讓你的意識頻寬，漸漸能夠觸及你的「高我」。如果你能放下著急的心，先去感謝，漸漸地你會知道該怎麼辦，或是你的心自然就會有引導，讓你感覺到應該往什麼樣的方向思考，或應該去找哪個人來幫你才對，而確實，你將會做出較為正確的選擇。（人在混亂或有情緒的時候，不知不覺就會做出很多錯誤的決定。）

有一個額外的叮嚀是，當你在混亂的心情裡面問「我該怎麼辦時？」高靈說，請你也最好不要馬上去做什麼「特殊」的事，例如念咒、使用頌缽、做某種宗教儀式……等，不要立刻想找一個東西把自己投入進去。並不是這些法門有問題，也不是它們不好，而是這樣去做，你會很容易逃到一個「空間」去，這個空間會讓你開始腐敗。

這個意思就像：有的老人家碰到較大刺激的時候，會忽然昏倒，「昏倒」就是他發展出來的一種防禦機制，用來逃避當下的狀況。可是就好像你遇到車子突然撞過來，本來應該是迅速跳開而不是昏倒，如果昏倒的話，你的意識可以什麼都不知道，但是你將會任由你的肉體蒙受傷害卻無法做出反應。

人生也是一樣，每當在情緒混亂、無助的時候，如果你就習慣立刻投入某種事物，想讓自己很快進入某種「狀態」的話，這是很容易出差錯的；修行上所謂的「走火入魔」，很多是在這樣的情況下發生，因為當你習慣逃到某種你比較喜歡的「空間」裡時，現實生活與被壓抑的情緒，都將更加劇烈地在你的身心底層中產生分裂。

怎麼樣再也不會介意某個過去？

接著談「放得下」——怎麼樣再也不會介意某個過去？

「放下」不是一件你能去「做」的事，因為真正的「放下」是一種「消磁」，是你的「介意」在不知不覺中，它自己不見了。

那麼「消磁」是怎麼發生的呢？它是發生在「你對你的生活，重拾感謝」的時刻；與「拿得起」一樣，「放得下」也是在你累積你的感謝之後，才能擁有的一種能力。並且，如果在感謝之後，你還能進一步回頭去反省，那麼這更是你對自己的靈魂在奉獻，因為這個反省就能幫助你的靈魂做它今生的功課。所以請細緻地去擴展自己對生活的感謝，如此「放下」就會不知不覺地到來。

常常在「感謝」的人，心的狀態會比一般人更「靈」敏

最後要講一個「常常感謝」的妙用。例如你的車開到平交道突然熄火了，然後火車突然衝過來了，很多人會嚇到腦筋一片空白，什麼都動不了，真的就僵在那裡等著被撞。然而如果你平常是一個常常在感謝的人，當有意外發生的時候，你比較不會「當機」，反而會彷彿「有神助」，立刻知道下一個動作該做些什麼。為什麼呢？人的「應變能力」（靈性），其實跟這個人平常的能量是否盈滿直接相關；所謂的「盈滿」，是因為你經常在擦亮接觸高我的天線，保持意識品質的清明（覺），所以能量是不會像一般人四處耗散，而比較持盈保泰的。那麼愈是常常在感謝的人，他的能量就會愈盈滿，所以心的狀態就會比一般人更「靈」敏，因此在人生某些千鈞一髮的時刻，這個「靈」就會救了他。

我班上有一位學生曾經分享說，在她還是一個讀者，還沒來上我的課之前，有一天看了《奉獻》這本書，便死心塌地的按照書的後半部，裡面提示的各種角度和方法，開始每天扎扎實實地練習感謝。練習到後來，居然發生一種情形，就是：遇到心裡面有疑問的事情（例如自己為什麼會過敏？某件事為何是那樣？等等），經常只要稍微停一下，就忽然有靈感來解答了（不是用「想」的）。當時班上其他同學，很多人聽了都覺得太神奇，好玄，其實這個就是她的感謝做到位了，跟她自己的「高我」能夠接觸到了而已。

所以人們常說「心靈」、「心靈」，每個人都有心，為何不能這麼「靈」呢？這就要看你的感謝（不只是口頭上的喔），是不是真的做到足以開啟你的心，與神性相通的那份「誠」了。

☆正能量？負能量？你真的充對電了嗎？不然「愛自己」了半天，為什麼還是容易羨慕嫉妒？

如果你是一個很喜歡享受洗澡時刻的人，你總是會仔仔細細、慢條斯理地從頭到腳把自己洗得香香的，才走出浴室。那麼或許你會有這樣的經驗：當你好好地享受了洗澡時光以後，自己會覺得好像花了蠻長一段時間待在浴室了。可是當你來到客廳，在看電視的家人一看到你卻說：「咦？怎麼洗得那麼快？一下子就出來了！」

高靈說，這種「時間差」的感覺，就跟「正能量」有關。

有「能量的飽足感」，就是在累積「正能量」

如果你在做的是一件你很喜歡的事，那段時間的分分秒秒，你都有淋漓盡致地使用，那麼就你個人的「身心靈」來說，它就會覺得是「飽足」的，所以你會覺得「有一段時間了！」。那個「好像有蠻長的一段時間」的感覺，其實是一種「能量的飽足感」，那裡面的一分一秒都被用來累積正能量了。

工作也是這樣。如果你做的是你真心覺得喜歡、覺得很有意義的工作，你就會很專注地進行著它們，然後不知不覺中就處理了好多好多事務。例如兩個小時前你鑽到公司的資料室裡面去蒐集資料，挖到了公司好幾十年的寶藏；兩小時後，你捧著收穫滿滿的一大疊資料步出檔案室，覺得恍如隔世。可是當你回到辦公室的時候，辦公室的同事卻說：「咦？你不是才去的嗎？怎麼一下子就回來了。」

在某一段時間裡面，分分秒秒都有幹勁地在裡面經歷或是做事的時候，你的主觀上，就會覺得你在裡面完成了好多事情、沉浸了好一段時間。可是別人卻會覺得那只是一下子而已。

這也就是為什麼大部分的人在看別人成功的時候，常常會有這種感覺：「張三以前也是我部門的同梯啊，厚！簡直是奇蹟，才幾年不見，他一下子變成年薪千萬的 CEO 了。」或是說：「學姊以前在補習班就坐在我隔壁呀，我們後來就沒有聯絡了。怎麼才沒幾年，天呀！聽說她在開連鎖店了！」

在一般人的眼裡，好像某個人只是有一段日子不見了、沒有聽到他的消息了，他就突然變成「富爸爸」了，可是自己還是原本的那個「窮爸爸」。高靈說，其實這是因為，在這段時間裡面，那個人一直在相對「高能量」的狀態中運用時間，累積許多東西；而你就只是「東摸西摸」，把時間摸掉了。所以同樣的時間，他已經學習了好多好多、累積了好多好多，你卻會覺得這些時間好像只是一晃眼，也沒做什麼就過去了。

東摸摸、西摸摸，就是在累積「負能量」

「東摸西摸」的日子是過得最快的，相對地它的能量也是比較低的，所以創造力和學習力都會比較弱。在「東摸西摸一天就過去了」的日子裡面，人非但沒有累積正能量，甚至還是在累積「負能量」的。怎麼說呢？例如很多人每次要去洗澡，都是要別人三催四請，甚至是要兇他，他才會心不甘情不願地從沙發上爬起來，懶懶地走向浴室。然而當他洗完澡，一身清爽地走出來時，其實他也覺得很好——洗過澡的感覺比剛剛更好了！不是嗎？自己的精神（也就是能量）不一樣了。可是為什麼每次還沒有洗澡前，就一定要拖拖拉拉、一再拖延呢？

高靈說，大部分人的生活模式就是像這樣，會一直處在「去洗澡前」的那種，一直拖、一直說「等一下啦」的階段。這也就是為何大部分人的生活常常一直在玩手遊、刷臉書，不然就是東摸摸、西摸摸……該做的事都不去做，然後一天就又過去了。而這樣度過了一天以後，看到牆上的時鐘指著午夜十二點時，就會有一種不甘心的心情：「什麼？一天又過去了喔！」

高靈說，這個就是「負能量」喔。你能感覺到嗎？

現在很多人沒事就在網路上閒逛，這也是一種「東摸摸、西摸摸」的狀態。你自己會覺得時間過得好快：「怎麼一下子已經晚上十一點了！」可是就旁邊的人看你，會覺得你一直窩在那裡上網，根本上了好久好久了。他們會說，已經催你要趕快去洗澡了，或是把今天的髒衣服拿出來洗……講了好多遍你都動也不動。這種自己與旁人的時間感差異，就是許多人常有的「陰陽魔界」。

為什麼這種狀態其實就是「負能量」呢？因為時間不停的過去，你其實什麼也沒有滿足到，可是自己設定該做的事又沒有做，就會有一種「不喜歡這樣的自己」的感覺，以及一種對自己現狀的不甘心與遺憾。很多人生活中的負能量，其實就是這樣不斷地在產生與累積的。

專注且主動的完成事情，形成「富爸爸」

每個人一天都一樣是二十四小時，為什麼有些人卻會變成「富爸爸」呢？通常這些人已經養成了一種習慣：有什麼事情該處理，他就會馬上去著手、不拖延。而且當一件一件事情都被完成以後，他還常常會有這種驚喜：抬頭一看牆上的時鐘，咦？居然比他預期的時間提早完成。

例如有個房間要大清理，本來以為可能要花一個禮拜的；可是真的認真去做以後，卻發現只用三天就完成了。當只花三天就清理完了原本預期要一個禮拜才能夠清完的房間，他就會喜歡這樣的自己，也會因為接下來的日子可以享受到更整齊漂亮的空間，而感覺到持續的喜悅。於是這種經驗就會讓他更願意再積極地，去做更多還等著他去完成的事情。對別人而言，就會覺得他怎麼那麼厲害，一下子這件事情完成了、一下子那件事情也完成了。其實這並不是因為他「很厲害」，而是因為他有專注且主動的在「時間裡面」做事情，於是這裡面就被灌注了「正能量」了。這種正能量，會吸引更順暢的那個平行宇宙，來成為他的實相。

高靈說，我們常常在課堂中講的「感謝＋反省＝奉獻」（註1），其中的「奉獻」，就是帶有這種正能量，所以它又會繼續吸引來更多的正能量，而形成一個好的人生循環。

當你對很多事情都有真心的感謝，在做事情的時候，你就會在裡面想要去改進、想要把它做得更好，那你就等於是用「奉獻」的感覺在專注地做事。因此你會反省自己的不足，然後去加強自己的能力；或者是這個反省會帶給你更清楚的方向，讓你知道可以怎麼創造，讓東西變得更好。那這個正向循環，到後來，甚至會引發一個正能量的「宇宙大爆炸」——也就是一直滾下去，你會捲起一個很巨大的創造性能量，而使得非線性的成效發生。

上述的原理，其實就是《心經》（註2）中所說，觀自在菩薩之所以能夠「照見五蘊皆空，度一切苦厄」的奧祕，其中的一個部分。

時間一直「為你所用」的奧祕

藉此我們便來談一點點「時間的奧祕」。先排除掉惡人，我們只講你本來是一個普普通通的「善男子、善女人」。但是當你開始在你的生活裡面知足、感謝，然後常常在反省時，其實你無形中，就在讓你人生那個本來是「黑白分明」的太極，轉動得愈來愈快，開始混合成一道愈來愈明顯的光了——這就是你的正能量一直在累積。

然後在這個「感謝＋反省＝奉獻」的正能量循環中，就會有很多你覺得想去做、想去改善、想為別人奉獻的事情，自然而然地從你的心裡面一樣一樣浮現出來。你會覺得，可以投入去做這些事情，讓你很喜悅、生命很有意義。所以你就會一件一件去著手、一直認真去學習、認真去處理。在這之中，你會覺得很奇妙地，時間好像一直都是「為你所用」——無論手邊有多少事情，它總是夠用的。甚至時間好像是「停止下來等你」，讓你可以在裡面創造好多好多成果出來。

因此對別人來說，就會覺得你很神奇，怎麼在那邊不知道弄什麼，才一會兒功夫你就弄出一個新局面了！

所以本來你只是一個普通的「善男子、善女人」，可是才沒有幾年，你已經不是一個「普通人」了。就別人來看，你是發光的，你是不受大家相信的那些「現實」所限制、是極具創造性的。而你累積豐盛的速度，打破了大家頭腦上認為的線性時間的必須性。

這就是「空性」的力量，也是《維摩詰經》裡面所說「須彌納芥子」（註3）的意義。真的證悟空性的人，就會在空性的「Being」裡面「Doing」，而這個「Doing」就是我們說的那個「奉獻」。他是透過那個積極專注的奉獻，而存在於那個「空」的流動裡面。於是這裡面就有很大的創造性會發生，因為整個「合一」（也就是所謂的「十方諸佛、一切賢聖」）都會在那裡幫助你。

所以你要如何從一個普通人，成為這樣發光的人（菩薩）呢？就是從每天生活的小事，開始真正的去「累積正能量」。怎麼做呢？高靈說，要先從「權利義務」的生活瑣事開始。

積極地去「盡義務」，是「愛自己」的基礎

我們每個人生活在家中，都有權利，也有要盡的義務，這些義務裡面有很多都是生活的小事，你就先從這裡面去開始累積「正能量」。也就是：在家裡有哪些屬於你應該要做的事，你就開始練習很積極的、很有品質的一件一件去處理，而不要拖延。比如說你回到家裡，輪到你去洗澡了嗎？那你就立刻去洗澡。該摺衣服了嗎？那你就不要黏在電腦前，立刻就去摺衣服。知道當天有什麼事是該做的，你就要當天去做；並且好好地、有品質地去做。

積極且盡責地去做這些生活中一定會有的「義務」，這是「愛自己」的基礎。因為「自

己」是一個生態在幫助你維持的（很多的人、事、物），所以你愛護這個生態，才是真正在愛你自己。反之，心靈圈很多人常常說的「愛自己」，其實是剛好相反的。因為如果是真正的愛自己，你過的日子會累積正能量，可是很多心靈圈的人的愛自己，其實都是一直在累積負能量。

怎麼說呢？因為他們說的「愛自己」，就是在現實生活中該做的事情不去面對，拖拖拉拉提不起勁去做，卻喜歡把時間花在某些「美好意境」裡面「東摸摸、西摸摸」，然後跟「聊得來」的小團體常常膩在一起天馬行空。其實這跟無聊的人一直在同溫層裡面刷手機是一樣的，他是在用這些「美好意境」分散自己對現實的注意力，然後也不斷助長自己的自我、餵養自己的自私。

可是那些沒有去做、沒有去面對的事情，會不會有它們因果的累積？當然會，等到問題蹦出來的時候，他就會覺得這個公司真的待不下去了、這個家真的待不下去了，然後他的「愛自己」就變成要離職、要離家、要去遠方……說這樣才是「愛自己」。

這種模式就像是有一個人天天泡麵吃完，碗也不丟；衣服髒了也不洗；打翻了東西也不收拾，然後他的住處就又雜又亂、充滿異味。而他的「愛自己」就是說：「我要出門去做SPA了、我要去一座美麗的草原做深呼吸了、我要去瑜伽教室那裡找到深度的寧靜。」

這種「愛自己」愛到後來，其實潛意識是愈來愈討厭自己的。但他會一直壓抑著這種對自己不滿意的真正感覺，然後刻意去學人家享受美食、旅行打卡、靜坐冥想……可是內心的負能量卻從來沒有離開過他，還是持續地在累積。

怎麼知道其實是這樣子呢？就是他做了那麼多「愛自己」的事情之後，卻會發現自己依然常常情不自禁的在羨慕和嫉妒別人，他也知道這樣不好，可是他就是沒有辦法不陷進去。

所以真正要愛自己，真正要為自己累積「正能量」，其實反而要從好好地「盡義務」開始。以剛剛的例子來講，你髒髒地回到家，那你就該先去洗澡，把自己洗得香香的，讓自己舒服，也讓別人愉悅。然後有空就一點一滴地，以自己的巧思，親自把房子裡面整理得像在住飯店，也就是讓自己在家裡面是有享受、有美的。而不是日復一日每天回來，包包隨處一丟就喊說：「家就是這樣的啊！」

你到很多人的家裡去看，他們都是東堆一堆、西堆一堆，然後自己久了也視而不見。可是出去旅遊的時候都要去住很美的飯店、民宿，然後就覺得說：「啊！好美的房間，我好像公主、我好像王子。」所以其實大家真正喜歡的，不就是又舒適又美麗的居住環境嗎？既然如此，平常如果把那些「東摸摸、西摸摸」的上網時間，更有意識地拿去為自己整理出美好的居家環境，這不就是真正的「愛自己」嗎？然後你就會很清楚，這些作為確實是會累積你的正能量的，而以前天天在那裡拖拖拉拉、躲在手遊裡面殺時間，其實都是在累積自己的負能量。

當你就從居家生活開始，有去收、有去清理、有去美化，每天都做一點，你會發現你會有一種「精神」和「能量」，讓你覺得喜歡這樣的自己。而且弄完了以後，你會覺得自己好有成就感，甚至覺得自己還挺有能力的。那麼這種轉變，就接近了《四書》的〈大學篇〉裡面講的「齊家」。修身為何要從齊家開始？原因就在其中。

自己好好實踐，身上的能量就會渲染出去

當然生活中的「義務」不只是維護居住的品質，更包括跟親人相處在一起時，怎麼去替對方著想的一些「互補」的智慧。這些如果你都能夠去學去做，那你出去社會做事的時候，會發現自己也會更有成就的。因為很多事情的竅門，以及所需要的觀察力，不分家庭社會，其實都是一樣的。當你有在自己的居家生活裡面好好累積這些經驗和修為，你到外面的公司上班，就會有一種「很接地氣」的特質，你會學習得很快，也應付得很好。於是這麼一來，除了你「愛自己」之外，連老闆也愛你了、同事也愛你了。然後你就被人家推崇，就被升為主管……

人生就是這樣上去的。

所以人的能力與修為，以及他的地位與豐盛，就是在他的「做做做」裡面開展出來的。但是這個「做做做」不是勞碌命，而是你會做得開心、活得精采（註4）。因為你會看到你愈

來愈有能力，給自己「自己想要的自由」，這就是成長的喜悅。

因此這個「做做做」不是要你去犧牲休息、睡眠，或是對所有事情都一把抓，盲目的一直做下去。如果你是透過「感謝＋反省＝奉獻」這個程式去運轉，你就會知道，事情的重點在哪裡、優先順序是什麼、權利義務又該怎麼分配……才是健康的。有經過這個程式去Run出來的「洞察力」，那就是「智慧」。用這個智慧去過日子，它就會真的是「愛自己」。因為你真的會看到你內心的正能量一直在累積，外在的現實也變得愈來愈令人可喜。

而且如果你是跟家人住在一起，你會發現這樣做經過了一段時間，他們也會從他們的慣性裡面甦醒過來，也會渴望像你那樣，成為一個有朝氣的自己。於是他們就會開始自動自發去進行一些調整，願意去學習你的模式，創造更好一點的生活環境，或是更健康的生活節奏。等他們跟著動起來了以後，他們也會體驗到你當初體驗到的感覺，那就是「比較喜歡這樣的自己」。

所謂「言教不如身教」，這句話的意義即在此。當人家不好的時候，你硬去要求、拚命想去說服，這都是非常事倍功半的。最好的方法其實就是「你自己去好好實踐，身上的能量就會渲染出去」。

在《與佛對話》這本書裡，我們也曾經這樣形容：「當你的光明愈大，靠近你的人也就愈容易到達他們的燃點，被你所點亮。」（註5）所以你只要自己發光發熱就行了，不必刻意去「救苦救難」。

有很多覺得自己必須去「救苦救難」的人，他們「必須如何如何」的那個執念，事實上總是讓他們自己愛得很「悲」，又做得很沒有智慧，結果逐漸把自己的能量淘空，變成了自己的失衡。其實這樣的話，你也是在累積負能量的。

所以你在生活裡的作為，究竟是在累積正能量？還是在累積負能量？並不是「直覺式」的那麼簡單。例如你覺得人家很「勞碌命」、很「汲汲營營」，可是其實人家一直在累積正能量，因為他人生的智慧和能力一直在開展。反過來，你覺得自己投身的靈修圈很美好、很「正能量」，可是說不定你實際上很空虛、很逃避、很沒有自信、人生的路正被你走得愈來愈狹窄。所以如果你搞錯了什麼是「正能量」，你的人生跟一直在累積「真正的正能量」的人，真的是會天差地別的。尤其年紀愈老，這個差異就會愈血淋淋。

真正的「心靈成長」，來自「很生活」的現場

談到這裡，就可以順帶一提：真正的「心靈成長」或者「禪修」，是要學習有能力在「很生活」的現場，去覺察並分辨這些很細緻的「天堂與地獄」，一點一滴地調整自己，你才有能力真正去變得「有修為」喔。

禪修絕不是成天想去觸及某種高來高去的境界，以為突然頓悟了什麼之後，就可以像

中樂透那樣「包山包海，再也不怕」。那種企圖與想像，只會讓你更自我、更執著、更有一種「眼睛長在頭上」，卻連生活中處理事情的「空性力量」都沒有的「眼高手低」。其實這樣去做所謂的「修行」，你的自我是會愈修愈大的，跟你腦子裡對自己催眠的那些「無我的意境」剛好背道而馳，只是包裝得更假、壓抑得更深而已。而自我為什麼會愈修愈大呢？這裡面的原理，就是高靈說的「DNA反轉法則」：宇宙的真相就是你愈去要，就會愈要不到。

「什麼是真正的正能量？」又「如何累積真正的正能量？」箇中奧義以及在生活中的入手之處，已經告訴大家了。當然入手之處不只今天所談的居家環境，也還包括著職場關係、兩性感情、身體健康、金錢議題等等各種領域。這些領域裡面都有很多細緻的突破點和入手處，可以讓你在那些領域裡面創造出「正能量的奇蹟」。如果你希望學習這些，那麼你可以來上課，因為這些不是一兩篇文章可以傳達的。

所以在文章的最後，老師要告訴大家一個好消息。未來你可以針對單一個你關心的主題，更深入、更細緻地去了解其中的智慧。因為我們針對十一類主題，分別開設一門「單堂課」，讓大家來選擇聆聽。「單堂課」就類似於一次講座，再加上現場互動的討論時間。所以你就可以就你在乎的那個主題，去聆聽在這方面高靈曾說過的訊息，也可以針對自己狀況，跟這些老師們進行面對面的探討。課程簡介請見書倒數第二頁。

（註1）請參閱《奉獻》一書。商周出版。

（註2）高靈訊息將要重新闡釋華人世界最著名的佛典《心經》。商周出版。

（註3）「須彌納芥子」是說，一棵小小的芥菜種子，也可以把一座名為「須彌」的大山容納進去。這句話用以點明宇宙的物理真相，是超越了頭腦所認為的時空觀念。

（註4）可延伸閱讀上一篇〈我是勞碌命嗎？〉一文，出自《讓我的功課，變成我的精采》。商周出版。

（註5）請參閱《與佛對話》一書。商周出版。

⊙ 作者介紹

章成

靈修導師，資深廣播人，三屆金鐘獎得主。首位受邀於中國銷售第一女性時尚雜誌《悅己 SELF》，開闢人生智慧專欄的台灣靈性作家，連載三年半，大受好評。長年樸素禪修，創辦「心的智慧」課程，及「一對一高層意識通靈諮詢」等，教學風格通解靈性和生活語言，讓學生容易地體會關鍵道理，輕鬆、明亮的修習。

著作：《心經》、《地藏經》、《人生最有價值的事，是發現自己在重複》、《都可以，就是大覺醒》、《理念崛起》、《回家》、《奉獻》、《神性自在》、《與佛對話》（以上均為商周出版），《不失去快樂的秘密》、《你就是幸福的源頭》（以上均為天下文化），《絕望中遇見梅爾達》（方智），《一生，至少該有一次說走就走》（我們）、《大自然健康密碼 CD》（風潮唱片）。

部落格：章成的好世界

臉書粉絲頁：章成

國家圖書館出版品預行編目 (CIP) 資料

放過自己，正能量就來了：情緒、失衡，與身心症的療癒智慧 / 章成著 . -- 初版 . -- 臺北市：商周出版：英屬蓋曼群島商家庭傳媒股份有限公司城邦分公司發行 ,2021.3

面； 公分

ISBN 978-986-5482-12-1（精裝）

1. 修身 2. 生活指導

192.1 110002574

放過自己，正能量就來了：情緒、失衡，與身心症的療癒智慧

作　　　者　章成
責 任 編 輯　徐藍萍

版　　　權　黃淑敏、吳亭儀
行 銷 業 務　王瑜、周佑潔、華華
總　編　輯　徐藍萍
總　經　理　彭之琬
事業群總經理　黃淑貞
發　行　人　何飛鵬
法 律 顧 問　元禾法律事務所　王子文律師
出　　　版　商周出版　台北市 104 民生東路二段 141 號 9 樓
電話：(02) 25007008　傳真：(02)25007759
E-mail：bwp.service@cite.com.tw
發　　　行　英屬蓋曼群島商家庭傳媒股份有限公司城邦分公司
台北市中山區民生東路二段 141 號 2 樓
書虫客服服務專線：02-25007718　02-25007719
24 小時傳真服務：02-25001990　02-25001991
服務時間：週一至週五 9:30-12:00　13:30-17:00
劃撥帳號：19863813　戶名：書虫股份有限公司
讀者服務信箱 E-mail：service@readingclub.com.tw
香 港 發 行 所　城邦（香港）出版集團有限公司　香港灣仔駱克道 193 號東超商業中心 1 樓
E-mail: hkcite@biznetvigator.com　電話：(852)25086231　傳真：(852)25789337
馬 新 發 行 所　城邦（馬新）出版集團 Cite (M) Sdn Bhd
41, Jalan Radin Anum, Bandar Baru Sri Petaling, 57000 Kuala Lumpur, Malaysia.
Tel: (603) 90578822　Fax: (603) 90576622　Email: cite@cite.com.my

封 面 設 計　張燕儀
印　　　刷　卡樂製版印刷事業有限公司
總　經　銷　聯合發行股份有限公司　新北市 231 新店區寶橋路 235 巷 6 弄 6 號 2 樓
電話：(02) 2917-8022　傳真：(02) 2911-0053

2021 年 3 月 18 日初版

城邦讀書花園
www.cite.com.tw

Printed in Taiwan

定價 450 元

著作權所有，翻印必究 ISBN 978-986-5482-12-1

⊙【轉化人生的藝術】系列單堂課程

為了讓大家能夠接觸到章成老師只在過去的課堂中講授過，沒有在網路文章或實體書中傳遞過的高靈訊息。我們分設十一個主題，分別開設一堂「單堂課」，與有心做更上一層樓的學習的您分享。

您可以只針對任何您有興趣的單一堂課；或其中幾堂課自由報名參加。每堂課的時間都是 1.5 小時，主講的老師都已跟跟隨章成老師學習多年，也會現場與參加者進行問答及討論。

以下列出十一堂「單堂課」的主題，欲報名與了解詳情，請掃描下面所附之 QR CODE，進入網頁查詢。（本課程每月循環，所以這個月某堂課的日期過了，您可以等待下個月再參加。）

〈單堂課主題列表〉

1. 回春之泉——找回青春的心，再被宇宙愛一次
2. 告別貧窮的富貴心法
3. 揮別沉悶，活出人生的甜度——談「正向的整理、負向的整理」
4. 你充電比人家慢嗎？——來學習更有效的休息法
5. 不再逃避，不再憂鬱——給我振奮人生的強心劑
6. 再見！我的無價值感——分辨頭腦和心，活出自己的尊貴
7. 你愈要，愈要不到嗎？——談宇宙的「DNA 反轉法則」
8. 原來我是這樣來地球——談靈魂投生的原理
9. 花若盛開，小人也來——搞對你的吸引力法則
10. 家庭關係的相欠與雙贏
11. 走過幽暗低谷，親手再植夢田——神佛如何幫助一個人

心存善念
福氣綿延